MEDARDO MEJÍA
MEDINÓN

ERANDIQUE
COLECCIÓN

MEDINÓN
Medardo Mejía

©Colección Erandique
Supervisión Editorial: Óscar Flores López
Diseño de portada: Andrea Rodríguez-Lilyana Gálvez
Administración: Tesla Rodas y Jessica Cordero
Director Ejecutivo: José Azcona Bocock

Primera Edición
Tegucigalpa, Honduras—mayo de 2024

EL FUSILAMIENTO DE MEDINÓN

Desde Venezuela, donde radica desde hace muchos años, doña Victoria, hija del escritor Medardo Mejía, me envía un mensaje de voz donde queda plasmada su alegría por la publicación de la obra de su padre.

"Estoy muy contenta. La reedición de los libros de mi papá permitirá que la nueva generación de hondureños descubra quién fue él, cuáles eran sus ideales, cuánto amo a Honduras", señala doña Victoria Mejía.

Gracias a la generosidad de su hija, quien le cedió a **COLECCIÓN ERANDIQUE** los derechos para publicar la vasta producción literaria de su padre, el público lector podrá leer clásicos como Comizahual; Los Diezmos de Olancho (obra en tres actos: La Ahorcancina, Cinchonero y Medinón); Historia de Honduras (seis tomos); Froylán Turcios en los campos de la estética y el civismo; Trinidad Cabañas, soldado de la República Federal, entre otros.

Con Medinón se cierra la trilogía de los Diezmos de Olancho. En el primer acto —La Ahorcancina—, el presidente José María Medina ordena ahorcamientos y fusilamientos masivos de habitantes de varios pueblos de Olancho que se rebelaron contra la decisión del mandatario de cargarlos con nuevos impuestos (diezmos y primicias) que beneficiarían a la iglesia.

En el segundo acto (Cinchonero), se narra la historia del líder que encabezó la revuelta popular contra el ejército de Medinón.

Serapio Romero, alias Cinchonero (su oficio era el de fabricar cinchos de cuero), se ganó el cariño del pueblo por su valentía, honestidad y determinación por hacerles frente a las injusticias.

Medinón (tercer acto), cuenta el proceso que culminó con el fusilamiento del general José María Medina. Mientras el presidente Marco Aurelio Soto dudaba en sentenciar a muerte al verdugo de la Ahorcancina, Ramón Rosa, el cerebro de la Reforma Liberal, nunca vaciló.

En este libro, Rosa es retratado como un ministro radical que empuja a Soto a dar la orden.

SOTO. ¡Hay días en que no se puede hablar porque estás con el diablo adentro...!

ROSA. ¡Retroceder... contestar a la propaganda medinista poniendo en libertad a Medina... temblar ante la intervención de Barrios, teniendo pruebas de que él es el atizador de la conjura de Santa Rosa...! ¡Si tienes miedo de firmar la pena de muerte de Medina, deja que la firme yo...!

SOTO. ¿Estás dispuesto a firmarla?

ROSA. Sí... con mi carácter de Ministro General, para quitarte el peso que te abruma, para que dejes de pasar las noches en vela, para que te vuelva el apetito...!

Medinón enfrenta su fatal destino con determinación, sin temor a la muerte. Bebe aguardiente, increpa al sacerdote que llega a confesarlo y pasa sus últimos momentos con su amada esposa Mariana.

Gracias al fusilamiento del caudillo, Honduras encontrará un breve tiempo de paz que permitirá a Soto y a Rosa proseguir su obra de transformación y modernización.

Con Los Diezmos de Olancho, Medardo Mejía rescató del olvido este doloroso suceso histórico y ratificó su calidad como investigador, escritor y dramaturgo.

En lo personal, la publicación de La Ahorcancina, Cinchonero y Medinón ha significado una enriquecedora experiencia literaria pues me permitió reencontrarme con un libro que leí en mis inicios de estudiante universitario (1993).

Por el tiempo transcurrido fue como si lo hubiera leído por primera vez. ¡Qué bella sorpresa, qué deleite, qué privilegio!

Don Medardo Mejía concluyó la trilogía el 15 de abril de 1960, es decir, hace sesenta y cuatro años.

Al igual que doña Victoria, su hija, tengo la esperanza en que esta contribución de **COLECCIÓN ERANDIQUE** permitirá que las nuevas generaciones de hondureños, especialmente los jóvenes, descubran lo que sucedió en 1865; y conozcan la vida y obra de quien fue patriota, poeta, periodista, historiador, investigador, dramaturgo: Medardo Mejía.

ÓSCAR FLORES LÓPEZ
EDITOR

A la memoria de doña Felipa Urmeneta Alvarado, de Comayagua; mujer inteligente y vivaz, entendida en historia y en leyes del país. En gran medida, a ella debo esta relación dramática.

PERSONAJES

JOSÉ MARÍA MEDINA (a) MEDINÓN: Capitán General y ex-Presidente de la República de Honduras.

DOÑA MARIANA MILLA DE MEDINA: Mujer de mérito, esposa del anterior.

EZEQUIEL MARÍN: General de Brigada.

CALIXTO VÁSQUEZ (a) CORTA CABEZAS: Caudillo indígena de las montañas de Santa María.

RAFAEL VILLAMIL: Coronel.

SERVANDO MEDINA: Coronel.

ROQUE ROSALES: Capitán.

ANSELMO MOYA: Capitán.

JOSÉ MARÍA ESPINOZA: Teniente.

ISRAEL ÁLVAREZ: Teniente.

JUAN RIVERA: Sargento.

CARLOS MADRID: Abogado.

DANIEL CASACA: Agricultor.

RAMÓN MEDINA: Comerciante.

JOAQUÍN VILLA: Agricultor.

PADRE ORTEGA: Jerarca de la Iglesia.

RAMÓN ROSA: Ministro General.

ADOLFO ZÚÑIGA: Director del periódico "La Paz".

ANTONIO R. VALLEJO: Hombre de letras.

JOSÉ JOAQUÍN PALMA: Poeta cubano.

EMILIO DELGADO: General de División.

EUSEBIO TORO: General de Brigada.

LUIS BOGRÁN: General de Brigada.

INOCENTE SOLÍS: Coronel.

BELISARIO VILLELA: Coronel.

MANUEL BONILLA: Coronel.

ANTONIO CERRO: Coronel.

AGUSTÍN AGUILAR: General de Brigada.

JUSTO CÁLIX: Abogado.

UNOS PEREGRINOS: Que regresan de Esquipulas del Santuario y van para el pueblo de Opoteca.

***

También entran en escena artistas teatrales, burócratas, soldados, clases, oficiales, altos jefes y magistrados de la Corte Suprema de Justicia.

***

Además del fundamento de este drama histórico, se refleja la vida de Honduras en la segunda mitad del siglo XIX.

***

La *"HISTORIA DE LA BELLA ONDINA"*, la escribió en verso Ramón Rosa en Guatemala, cuando hacía estudios de Derecho, al saber la criminal Ahorcancina de Olancho. El original se perdió, pero el autor del drama reconstruye el poema tal como se lo han referido y a su modo. Claro está que Ondina es Honduras; Olán, Olancho, y Sargentón, Medina.

ACLARACIÓN

Con el drama de "Medinón" termina la trilogía de "Los Diezmos de Olancho".

Nadie se había atrevido a hacer este esfuerzo literario porque en Honduras la literatura del siglo ha servido para silenciar crímenes, para evitar denuncias, para dorar imágenes horribles y para perfumar pestilencias.

El drama dice que un personaje que fue Presidente de La República más de diez veces, habiendo cometido el crimen colectivo de la Ahorcancina de Olancho en 1865, años después, por otras causas, fue sometido al rigor de un Consejo de Guerra y fue pasado por las armas en Santa Rosa de Copán en 1878.

Viéndolo bien, José María Medina, del siglo XIX, tenía más importancia, era más hombre, que los caudillos reaccionarios del siglo XX. Aunque es verdad que estaba sujeto a la política británica que imperaba en aquel tiempo, actuaba con más desenvoltura y le asistía iniciativa progresista como se vio en su intento ferrocarrilero. Si cayó de espaldas en el paredón de fusilamiento, se debió al viraje de la política internacional que quebró el poder de la Gran Bretaña en el Caribe para sustituirlo por el de los Estados Unidos de América.

Por eso es que ningún caudillo del presente siglo (antes del 50 y después del 50) ha sido fusilado, aunque sus crímenes hayan sido horrendos. Pero como advertía el coronel de cerro Carmindo Ruíz, EN UNA ENCORAJINADA DEL PUEBLO, EN PUNTO DE REVOLUCION, NO ESTÁN "SAFOS"...

PRIMER ACTO: LA CONSPIRACIÓN DEL GENERAL MEDINA EN SANTA ROSA DE COPAN

ESCENA I

Hacienda de El Rosario en la vieja región de Gracias. Un caserón de teja y triple hilera de adobes en las paredes. Hay tantas habitaciones que muchas de ellas están desocupadas, a pesar de la numerosa servidumbre. La sala de recibo es amplísima, propia para fiestas de rango. Pueden verse muchas butacas, mesas, un piano, armarios, retratos de antepasados.

El general José María Medina y doña Mariana Milla de Medina se hallan sentados cerca de la puerta mayor que da a la sabana inmensa, conversando y viendo los últimos fulgores del atardecer y el repentino surgimiento de las primeras estrellas.

GENERAL MEDINA. *(Con su gran voz)*. Las estrellas empiezan a aparecer. Una vez que han hecho su recorrido se ocultan detrás de aquellas lomas. Pero reaparecerán mañana, y nadie puede evitar la Ley de Dios. *(Se detiene)*. Sin ser astrólogo, veo que las estrellas que están naciendo hoy me son propicias, y estoy tan contento que no lo puedo expresar con palabras corrientes. Esta carta *(agita un sobre que tiene en la diestra)* me la han traído ellas.

DOÑA MARIANA. *(Con voz dulce)*. Medina siempre has sido un hombre de fe y esperanza. La fe y la esperanza han sido tan fuertes en ti, que siempre te han llevado al triunfo. Tan afortunado, que después de tantos riesgos y peligros, hoy te hayas tranquilo, sin molestias, gozando de la dulce paz que da El Rosario. En la vida humana, después del riesgoso juego de los tahúres, al fin llega la hora del buen retiro.

GENERAL MEDINA. *(Sobresaltado guarda el sobre en la bolsa de la camisa)*. ¿Qué me quieres decir, Marianita?

DONA MARIANA. *(Casi canturreando)*. Hoy que estamos aquí para solazar las horas y profundizar el pensamiento. Hemos leído algunos trozos de las Sagradas Escrituras, y hemos puesto los ojos en aquello de que hay tiempo de nacer y tiempo de morir; tiempo de reír y tiempo de llorar; tiempo de florecer y tiempo de languidecer; tiempo de sembrar y tiempo de cosechar lo sembrado... No recuerdo muy bien lo dicho en el Eclesiastés, pero por ahí va...

GENERAL MEDINA. *(Viendo a doña Mariana con actitud severa).* Tengo la impresión de que con palabras te propones ofenderme.

DOÑA MARIANA. La sabiduría no ofende. Te he citado la Biblia, resumen de ella. Pero si quieres que te hable como suelo hacerlo con Juana y Dorotea cuando me acerco al fogón... *(Suplicante y sonriente).* Medina de toda mi alma, ya no sueñes en las cosas de la juventud porque ya estás viejo.

GENERAL MEDINA. *(Con malicia).* Tú bien lo sabes que no estás diciendo verdad.

DOÑA MARIANA *(Indiferente).* Una dama siempre debe pensar en alto. *(Eleva los ojos).* Como siempre hemos sido leales el uno con el cetro, esa carta que dices que te han traído las estrellas, me da en el corazón que es una carta funesta.

GENERAL MEDINA. *(Seguro de lo que dice).* El general Justo Rufino Barrios es amigo mío. Si no lo fuera, le habría escrito a otro. Esto quiere decir que deposita su confianza en mí.

DONA MARIANA. *(Como iluminada).* Tu amigo verdadero fue el general Carrera. Cuanto llegaste a ser en Honduras, se lo debiste a él. De modo que, en memoria y gratitud de aquel hombre, debes retirarte de la política para siempre y recordarle sus bondades a toda hora en El Rosario… *(Medita y alza la mano para indicar que no ha terminado).* ¿Sabes Medina? El general Carrera fue un peón de la Reina Victoria en Guatemala y en Centro América. *(Señalándolo con el índice).* Tú también fuiste un peón de la Reina Victoria. *(Vuelve el cuerpo).* En ese armario están las distinciones de que te hizo objeto.

Pero la Reina Victoria ya se fue de Centro América. No por voluntad de ella sino porque la corrieron. *(Vuelve a detenerse y a alzar la mano).* Como he vivido tanto en Palacio, entre ministros, entre diplomáticos, he aprendido algo. Un tal Monroe, Presidente de los Estados Unidos, dijo una vez: "América para los americanos...". *(Pausa).* Y un tal Buchanan agregó: "Los Estados Unidos deben extender sus dominios hasta Centro América". Lo que indica que hoy empezamos a estar en otros tiempos. *(Se levanta y da un paso sobre su esposo).* Medina, has meditado sobre el trasfondo de la política del general Barrios, ¿y has pensado en el objeto que busca al introducirte en un juego misterioso? *(Con énfasis).* Quisiera quemar esa carta, y que tus estrellas no vinieran por la respuesta.

GENERAL MEDINA. *(Sorprendido del razonamiento de su mujer).* Marianita cuando el general Barrios me invita para que le ayude a corregir la política de Honduras y que me prestará toda la cooperación necesaria para derribar a Soto, es que ya no está contento con éste, y si llega a caer Soto, el gobernante seré yo, barrista, por supuesto, porque tal es la música de hoy.

DOÑA MARIANA. *(Obsesionada).* Quisiera quemar esa carta.

GENERAL MEDINA. *(Inquieto).* ¿Entonces ya no me acompañas? ¿Ya no me sigues?

DOÑA MARIANA. Soy tu esposa y mi deber es obedecerte y seguirte. En efecto, así lo haré. Pero insisto que, entre Tegucigalpa y El Rosario, te conviene más este lugar.

GENERAL MEDINA. No vine al mundo para la ganadería y las milpas.

DONA MARIANA. *(Con los ojos húmedos).* Cierto, naciste para ser un político y lo has probado. *(Con voz quebrada).* Pero debías recordar que todavía te acompaña una esposa que ha sufrido mucho con tus andanzas y peligros. Debías tenerme lástima.

GENERAL MEDINA. *(Se levanta y abraza a doña Mariana).* Marianita, será la última vez. Haré lo que se me pide. Pondré a otro en el puesto y volveré a El Rosario. Los dos moriremos ancianos.

DOÑA MARIANA. *(Con animación y curiosidad).* ¿A quién pondrás, Medina?

GENERAL MEDINA. *(Con énfasis).* Al general Ezequiel Marín. ¿Qué te parece?

DOÑA MARIANA. *(Preocupada y sin mostrar interés por el plan de Medina).* ¿Y el general Ezequiel Marín, ¿qué se hizo? Hace ya días que no viene por estos lugares.

GENERAL MEDINA. Al general Ezequiel Marín de repente lo tendremos por acá, pues es de los pocos amigos que nos van quedando. *(Mostrándose cariñoso).* ¡Marianita..., no he oído tu opinión sobre el plan de que el general Marín sea el Presidente en vez del general Medina!

DONA MARIANA. *(Quejumbrosa)*. Nunca te he aconsejado ni animado en algo, ni nunca pretendí refrenar tus impulsos y contrariar tus planos y resoluciones. Que se haga tu voluntad. *(Pausa)*. Pero debo confesarte que siento miedo. Estamos en otros tiempos. Son otras las situaciones. Son otros los hombres. Que Dios te bendiga y te salve para consuelo de esta mujer que ha vivido en un calvario...

Se levanta, con la diestra hace doña Mariana una gran cruz sobre el general Medina. Marcha a paso lento. Extrae un pañuelo que lleva a los ojos. Busca el interior de la casa y se pierde por una puerta penumbrosa.

GENERAL MEDINA. *(Impresionado, gritando)*. ¡Marianita...! ¡Marianita...! ¡Marianita...! *(Para sí, siempre a gritos)*. ¡Si esa bendición más parece maldición, y me has dejado con miedo...!

Medina regresa cabizbajo, enciende las lámparas, cierra la puerta exterior y se sienta en la silla que ocupaba. Saca de la bolsa de la camisa la carta de Barrios, poniéndose en seguida a leerla.

ESCENA II

En el exterior de la casa se oyen ladridos de perros y el piafar de una cabalgadura que se aproxima. Un jinete penetra en el corredor y toca la puerta con toques convenidos. El general Medina va a abrirla.

GENERAL MEDINA. *(Con entusiasmo o abraza al recién llegado).* ¡Ezequiel Marín, te estaba esperando!
GENERAL MARÍN. *(Correspondiendo el abrazo con igual entusiasmo).* General Medina: aquí me tienes.

El general Medina va al armario, saca una botella con aguardiente, llena dos vasos, con ellos se aproxima al general Marín a quien da uno y beben sin ceremonias hasta la última gota. Después de beber se sientan y ponen los vasos en el piso.

GENERAL MEDINA. *(Mostrando el vaso antes de ponerlo en el suelo).* Es el primero. Faltan el segundo y el tercero.
GENERAL MARÍN. Para mí solo dos. Además, no vengo a emborracharme sino a contarte algo importante.
GENERAL MEDINA. *(Con curiosidad).* Vamos...
GENERAL MARÍN. *(Reposado).* Vengo de Guatemala.
GENERAL MEDINA. *(Con sorpresa).* ¡De Guatemala!
GENERAL MARÍN. Vi al general Barrios.
GENERAL MEDINA. *(Con más sorpresa).* ¡Al general Barrios!
GENERAL MARÍN. Me dijo que te saludara con un abrazo.
GENERAL MEDINA. Dámelo, pues.

Los dos hombres se levantan de sus butacas y se abrazan con fuerza. Después se sientan.

GENERAL MARÍN. Así cumplo el encargo que se me dio.
GENERAL MEDINA. Muchas gracias.
GENERAL MARÍN. Pero este abrazo tiene significado.

GENERAL MEDINA. ¿Cuál?

GENERAL MARÍN. Es un pacto.

GENERAL MEDINA. ¿Entre él y yo?

GENERAL MARÍN. ¡Si!

GENERAL MEDINA. *(Fingiendo ingenuidad)*. Me sorprendes. ¿En qué podría consistir ese pacto?

GENERAL MARÍN. En que, unidos, Barrios y tú, derribarán a Marco Aurelio Soto.

GENERAL MEDINA. *(Recordando a doña Mariana)*. No puedo comprometerme. Ya estoy viejo. Ya no soy hombre de bochinche en las serranías sino hombre de paz en El Rosario.

GENERAL MARÍN. *(Burlón)*. ¿Quién más viejo que el diablo? Y sin embargo...

GENERAL MEDINA. Sin embargo, qué...

GENERAL MARÍN. Sigue despachando condenados al infierno.

GENERAL MEDINA. No es ese el caso.

GENERAL MARÍN. Exactamente, puede no ser el caso. Pero, hay otro.

GENERAL MEDINA. No lo conozco.

GENERAL MARÍN. Lo acabas de conocer. Me has abrazado. Y en este abrazo has abrazado al general Barrios. Y desde este momento estás comprometido a participar en sus planes.

GENERAL MEDINA. ¿Y si me resisto?

GENERAL MARÍN. Al general Barrios no le faltarán medios de castigar al mal amigo.

GENERAL MEDINA. *(Fingiendo desagrado)*. Me faltas al respeto. Recuerda que, en el escalafón, yo soy un Capitán General y tú, un simple Brigadier.

GENERAL MARÍN. Perdóname, José María. Pero contigo estoy obligado a poner las cartas sobre la mesa.

Se levanta el general Medina, recoge los vasos, va a llenarlos, vuelve y beben sentados; después ponen los vasos en el suelo.

GENERAL MEDINA. *(Con fingida de lástima)*. En lo que has parado, Ezequiel. En mandadero del general Barrios. Y con mandados bufonescos. Porque me vienes a hablar de pactos con abrazos.

GENERAL MARÍN. Solo te faltó decir que los abrazos son para las muchachas. Y en ese caso, como tú eres el hombre, que el general Barrios se vaya para San Marcos... Como quien dice para la porra.

Guardan un silencio más o menos largo. Lo que hace el general Medina es sondear al general Marín. Lo que el general Marín es escrutar al general Medina.

GENERAL MEDINA. *(Con arrogancia)*. Bueno, Ezequiel, hablemos en serio. Yo, realmente soy un viejo. No tanto, pero ya lo soy. En cambio, tú te encuentras en la plenitud de la vida, lo que indica que existe una diferencia entre ambos. Yo tengo más experiencia que tú, conozco la política marrullera de nuestros pueblos, y el abrazo que me has dado significa lo siguiente. *(Se saca de la bolsa de la camisa el sobre y se lo entrega al general Marín)*. Lee esta carta. Penétrate de ella.

El general Marín lee con suma atención la carta, y se la devuelve al general Medina.

GENERAL MARÍN. Ya entendí el caso. Las cosas están más adelantadas del que yo suponía.

GENERAL MEDINA. *(Levantándose y dando palmaditas a Marín)*. Todavía no has entendido el caso, tontito. El abrazo que me has dado a nombre de Barrios quiere decir que exige la pronta respuesta de esta carta, que tú llevarás la respuesta, y que en lo sucesivo tú serás el órgano de comunicación entre Barrios y yo.

GENERAL MARÍN. *(Sorprendido)*. A eso obedece que siempre has sido jefe. Creí darte una nueva y ya estabas al de llante. *(Piensa)*. Pero para estar viajando a Guatemala se necesita pretexto.

GENERAL MEDINA. *(Cruza los brazos y se pasea)*. Te vas a hacer partideño. Siempre estarás llevando partidas de ganado a Guatemala. Si no tienes dinero, yo lo tengo. Y si no lo tengo yo, lo tiene el general Barrios.

GENERAL MARÍN. *(Se levanta).* Ya está. Escribe la respuesta. Y manos a la obra.

GENERAL MEDINA. *(Baja los brazos y se acerca con tono confidencial a Marín y acciona).* Te repito que es la última función en que participo, porque ya estoy viejo. Necesito la paz en El Rosario al lado de Marianita. Así es que trabaja con diligencia y sigilo, porque tú serás el sustituto de Marco Aurelio Soto. De esto hablaré con Barrios a la hora del triunfo.

GENERAL MARÍN. *(Jadeante por lo que ha escuchado).* ¿Ya tienes la carta de respuesta?

GENERAL MEDINA. Sí. *(Va a un armario, lo abre, extrae un sobre y unas árganas. Regresa adonde el general Marín).* Aquí está la carta. Y aquí están estas árganas que tienen los pesos suficientes para que compres una partida de ganado.

GENERAL MARÍN. *(Moviendo la cabeza).* Esto se llama hablar. Naciste para jefe. El jefe todo lo resuelve con llaneza como lo estás haciendo.

GENERAL MEDINA. *(Con el índice de la mano derecha en la boca, pensando. Luego dice).* Como esto va de prisa, yo quedo preparando el ambiente, hablándole a ciertos amigos, y como hay que acercarnos al lugar de los hechos iniciales, la próxima vez nos veremos... *(Se acerca al general Marín para hablarle en secreto)* en casa de Daniel Casaca...

GENERAL MARÍN. *(Frunciendo el ceño).* ¿Crees hombre de confianza a Daniel?

GENERAL MEDINA. *(Con suficiencia).* Sí. Casaca es hombre de mi entera confianza. Es un poco nervioso, pero para los secretos es una tumba. Lo he probado en otras ocasiones.

GENERAL MARÍN. *(Vivaz).* ¿Más o menos la fecha? Pregunto por si entrara en conversaciones discretas con el general Barrios...

GENERAL MEDINA. *(Calculando sin hablar, y diciendo, en seguida).* Para el día de Santa Rosa. Es un día que se presta para los movimientos de la operación.

GENERAL MARÍN. *(Inquisitivo).* ¿No más?

GENERAL MEDINA. *(Enfático).* Es todo. Te vas porque ya es de madrugada y no tardan en levantarse los mozos...

Ambos hombres se dan las manos. Sale el general Marín. Tranca la puerta el general Medina. Va al armario de la botella, se sirve un trago, bebe, vuelve al centro de la sala, se detiene, recto, cuan alto es, sonriente, de allí va a las lámparas y apaga las velas. La sala queda en completa obscuridad.

ESCENA III

Día de Santa Rosa, patrona de los Llanos de Copán. La fiesta es rumbosa. Ha llegado la noche. El pueblo se ha lanzado a las calles y plazas de la ciudad. Abundan los bailes, desde los "chojines" de las barriadas hasta los saraos de las familias ricas en lujosas mansiones. Don Daniel Casaca ha dado asueto a su servidumbre por toda la noche y le ha dado suficiente dinero para que se divierta. Brillan las lámparas de la sala colonial.

CASACA. *(Gritando desde la sala).* ¡Blas! ¡Terencio! ¡Casildo! ¡Dorotea! ¡Filomena! ¡Serapia! Vengan todos, hombres y mujeres, grandes y chicos.

De todas las zonas de la casa van saliendo los servidores y acercándose al patrón.

BLAS. *(Viejo, fiel al hacendado y con alguna autoridad sobre toda la servidumbre).* Ordene, don Daniel.
CASACA. *(En voz alta).* ¡Hoy es la celebración de nuestra patrona Santa Rosa! ¡Todo mundo se ha lanzado a las calles y a las plazas! ¡Hay numerosos bailes según la categoría de las personas! ¡Es mi voluntad que todos ustedes vayan a gozar hasta el amanecer!
TERENCIO. *(Domador de potros).* Don Daniel, nosotros quisiéramos ir a la fiesta, pero a qué, sólo a abrir la boca...
CASACA. No te entiendo, Terencio
CASILDO. *(Ordeñador).* Quiere decir don Daniel, que es con morlacos que se gozan las fiestas...
DOROTEA. *(Cocinera desgarbada).* Exactamente. Con morlacos le viene bien a una un traguito de mixtela.

FILOMENA. (*Lavandera y aplanchadora*). Yo no diría mixtela, sino algo para endulzarse la boca, como con una melcocha.

SERAPIA. (*Tortillera*). Yo no deseo morlacos, yo voy a la iglesia a saludar la Virgencita.

CASACA. (*A los jóvenes*). ¿Y los muchachos y muchachas y qué dicen? Hable uno por los demás.

UN MUCHACHO. Don Daniel, nosotros estamos jóvenes, y queremos bailar. Rara vez lo hacemos, porque siempre vivimos trabajando.

CASACA. Bueno, Blas, en la mesa de la otra pieza hay unos paquetes. Tráelos.

Blas desaparece y vuelve con unos paquetes.

BLAS. Aquí están, don Daniel.

CASACA. (*Toma los paquetes y los reparte*). Ustedes son veinte en total. Les corresponden cinco pesos a cada uno. Vayan a gozar.

Sorpresa en todos los sirvientes porque don Daniel Casaca es tan avaro que no da ni "los buenos días". Pero el patrón, que advierte la sorpresa, explica con voz tierna.

CASACA. Lo hago en memoria de mi esposa que fue tan buena y que Dios la tenga en su santo reino.

La servidumbre agradece a coro el regalo cuantioso

SERAPIA. (*La más vieja de las mujeres, con malicia*). Y usté, don Daniel, ¿va a dar su vueltecita?

CASACA. (*Indignado*). ¡A veces las tortilleras resultan necias! ¿Acaso ignoras que no he terminado el luto que llevo y que no puedo salir?

La servidumbre ríe en sordina.

SERAPIA. *(Afligida)*. Perdóneme, don Daniel. No por tortillera, sino por vieja es que hago la pregunta. Realmente, a los sesenta años ya no se piensa bien.

CASACA. *(Altivo)*. Estás perdonada. Dijiste que irías a la iglesia. ¿Vas a regresar?

SERAPIA. Iré a la iglesia. Pero el regreso es peligroso de noche. Me voy a quedar en casa de mi hermana.

CASACA. Bueno. No pierdan tiempo. Se van todos, que yo... *(con fingimiento),* después de rezar mis oraciones, me acostaré... *(Piensa; se dirige a Blas).* ¿Se fueron a la fiesta los viajeros que vienen de Esquipulas?

BLAS. Sí, señor. Todos dijeron que se iban para Santa Rosa a echar una cana al aire...

CASACA. *(Sigiloso)*. ¿Has averiguado, Blas de dónde son esos peregrinos?

BLAS. Son de Opoteca, mi amo. Pero algunos han dicho que pueden quedarse en los Llanos si encuentran ocupación.

CASACA. ¿Qué saben hacer?

BLAS. Propiamente no sé su habilidad. A mí me parecen simples milperos.

CASACA. ¿Cómo se llaman?

BLAS. El más viejo como que se llama Jacinto y la mujer Fidelia.

CASACA. *(Satisfecho)*. Bueno. Váyase a gozar. Regresen mañana temprano.

Se alborota la casa por unos instantes. Los criados se ponen sus trajes domingueros. Después abandonan la casa de don Daniel, que dista un cuarto de legua de la ciudad.

ESCENA IV

De pronto, se presenta en la puerta mayor un hombre de buen talante. Es el abogado Carlos Madrid, litigante de fama y hablador por natural y profesión.

MADRID. *(Ruidoso).* Quiero ser el primero en llegar.

CASACA. *(Contrariado).* ¡Sin importarte el encuentro de mis criados!

MADRID. Me saludaron y al contestarles inventé que iba a ver a mi hermana. Ernestina, que vive en la dirección de tu casa, pero más lejos.

CASACA. *(En tono agrio).* Está bien el invento.

MADRID. ¿Los despachaste a todos?

CASACA. A todos.

MADRID. No ha quedado ni uno.

CASACA. Ni uno.

CASACA. *(Molesto).* Estoy diciendo verdad. ¿Es que desconfías?

MADRID. *(Sentencioso).* Es que conviene tomar las mayores precauciones.

CASACA. *(Sarcástico).* Eso de sabido se calla.

MADRID. ¿Has leído a Salustio, historiador romano?

CASACA. Mis ocupaciones no me dan tiempo de nada... y gracias; leo los Ejercicios Espirituales de San Ignacio...

MADRID. Pues te voy a contar que Salustio escribió un libro titulado la "Conjuración de Catilina".

CASACA. *(En tono agrio).* ¿Qué dice ese libro?

MADRID. Dice que había un noble romano llamado Catilina, que ambicionaba el poder de Roma y que había juntado a unos cuantos para que le ayudaran a tomarlo. En esos cuantos había un tal Quinto Curcio que era valiente hasta la temeridad...

Casaca escucha, fingiendo desatención.

MADRID. Pero tenía una bella amante llamada Fulvia, a quien le contaba en el lecho hasta los secretos más graves.

CASACA. A Dios gracias que mi mujer está en la gloria.

MADRID. *(Acercándose a Casaca).* Fulvia a su vez era confidente del cónsul Cicerón.

CASACA. Bendito el cielo que me la quitó a tiempo para que no fueran a decir...

MADRID. En fin, Fulvia le contó a Cicerón lo que le había dicho Quinto Curcio sobre la conjura de Catilina.

CASACA. *(Con canturreo).* Y al saberlo el gobernante se acabó la conspiración...

MADRID. Con descuartizamientos horribles en la urbe y combates feroces en la campiña.

CASACA. De mí, no tengas ningún cuidado, Carlos. No hay ninguna Fulvia que me caliente las costillas. ¿Podrás tú decir lo mismo?

MADRID. Soy casado, pero no converso con ella cosas altas por ser limitada de entendederas.

CASACA. Hay que estar alertas. La confianza mata al hombre.

MADRID. Me desvela que nos vaya a salir un Quinto Curcio que llegue a tener una Fulvia.

CASACA. O que él mismo haga de Fulvia y Quinto Curcio...

Madrid y Casaca se clavan los ojos como espadas y luego se pasean en la amplia sala.

ESCENA V

Más o menos las ocho de la noche. Una hoja de la puerta está abierta. Entra el coronel Rafael Villamil, alto, seco, quijotesco, ha sido conservador, liberal y ahora vuelve a ser conservador. Saludos de cortesía. Casaca va a la mesa, llena tres copas, trae dos que ofrece a Villamil y a Madrid, vuelve a la mesa y trae la suya.

CASACA. *(Levantando la copa).* Bebamos sin ceremonias. ¡Salud!

VILLAMIL. ¡Salud!

MADRID. ¡Salud!

VILLAMIL. *(Paladeando).* Parece vino de consagrar.

CASACA. Esa botella de coñac tiene historia. Me la regaló el Mariscal Cerna en Guatemala.

MADRID. *(Sin hallar qué decir).* Hombre de confianza del general Carrera.

CASACA. *(Desdeñoso).* Todos lo sabemos.

VILLAMIL. ¿Vendrán todos los amigos?

CASACA. Así lo tienen prometido. Vendrán.

MADRID. La afirmación es excesiva. Algunos hombres se arrepienten. Otros dejan para después las cosas. Otros se olvidan. Y otros se dejan dominar del miedo.

VILLAMIL. De todo hay en este mundo. Lo vamos a ver en esta noche tan propicia como difícilmente vendrá otra. *(Se detiene).* Esta es compañía como cualquiera otra. La política es una transacción como la compra-venta de tabaco. Lo que importa es la ganancia, y grande. Hay que regar dinero sin compasión.

MADRID. ¿Usted riega el dinero?

VILLAMIL. Y lo he regado sin reservas, en el Estado, en la Iglesia, en todas partes. Es la misión que se me ha encomendado, y estoy contento de los resultados.

CASACA. *(Cauto por naturaleza).* Te ha soltado la lengua el vino de consagrar.

MADRID. *(Indiferente).* Todos pertenecemos a la misma compañía que dice don Rafael. Así, es que todos tenemos derecho a conocer los hechos.

CASACA. Es cierto. Pero en una compañía cada quien hace lo que le corresponde, y abre la boca hasta que es llamado a rendir cuentas.

MADRID. ¿Según eso, de ti no sabremos nada?

CASACA. *(Molesto).* Parece que he sido claro, mi querido Carlos.

MADRID. Te noto un poco raro, Daniel.

CASACA. Perdóname. Quizás venga mi mal humor de la viudez que padezco.

VILLAMIL. Es cierto. Tiene herida el ala.

ESCENA VI

... Se oyen pasos en el corredor empedrado. Casaca se levanta y va a recibirá visitante. Es el general Ezequiel Marín. Saludos de cortesía. El dueño de casa reparte nuevas copas de coñac. Se sientan y conversan.

GENERAL MARÍN. Ustedes han sido más puntuales. Pero yo no les quedo atrás porque esperaba encontrar llena la sala.

CASACA. No tardarán, general. Algunos vienen de muy lejos.

GENERAL MARÍN. Propicia la noche por la fiesta de Santa Rosa.

VILLAMIL. Muy propicia. Yo debía estar en el baile que da el general Delgado. Pero le doy más importancia a ésto.

MADRID. *(Por decir algo).* Naturalmente. Aquí tenemos al general Marín que nos hablará de cosas importantes. El general Delgado solo es chistes.

GENERAL MARÍN. Ciertamente, el natural del general Delgado es la jocosidad.

VILLAMIL. Y la valentía. Tiene un valor temerario.

CASACA. Y la astucia. ¿Verdad, Carlos?

MADRID. No le conozco ese lado. Solo sé decir que es un mujerero de primer orden, y que de repente la nueva generación de los Llanos va a llevar como segundo apellido el de Delgado.

Ríen todos.

GENERAL MARÍN. Con el general Delgado somos viejos amigos. Nos hemos visitado y nos hemos cambiado regalos. Una vez me regaló una mula que la valoraban en quinientos.

VILLAMIL. Qué compromiso para usted en aquello de la compensación.

GENERAL MARÍN. No me quedé atrás. Fui a Nicaragua, y de allá le traje un caballo con muchas gotas de sangre árabe.

MADRID. Eso prueba la buena amistad entre los dos.

CASACA. ¿Cuánto hace de eso?

GENERAL MARÍN. Como unos diez años.

Casaca se levanta y va a cerrar la puerta mayor, poniéndole tranca. Al regresar explica.

CASACA. Ya se hace tarde. El que vaya llegando que dé los toques convenidos.

MADRID. Si hubiera una persona de confianza para que rodeara la casa de vez en cuando, por aquello de que se puede acercar alguien y como dice el refrán que las paredes tienen oídos.

CASACA. Eso en el caso de que hubiera anticipadas sospechas sobre esta casa.

VILLAMIL. *(Con sorna)*. Dígame, licenciado. Suponga usted que las paredes oyen. Es más, que rompen la puerta y nos sorprenden aquí reunidos. ¿Cómo propondría usted la coartada?

Todos ríen.

MADRID. No cabe la coartada, por la que se pruebe que el reo estaba ausente del lugar a la hora en que se cometió el delito.

VILLAMIL. *(Con lástima)*. Ya ve, licenciado. Ni la coartada, ni las paredes oyen, ni nadie romperá la puerta.

Sonríen todos.

GENERAL MARÍN. En cualquier caso, somos unos ciudadanos que hemos venido a la casa de don Daniel Casaca a celebrar la fiesta de Santa Rosa.

ESCENA VII

Tocan la puerta con toques convenidos. Casaca, a pasos largos, va a abrirla. Entra un hombre con paso arrogante. Es el general José María Medina, llamado Medinón por su gran talla. Todos se ponen de pie para recibirlo. Saludos de cortesía. Se sientan en rueda.

CASACA. *(Ceremonioso).* Está helada la noche, general. Y aquí hay un coñaquito que quiere transmitirle su calor delicioso.

GENERAL MEDINA. *(Con alegre semblante).* Tu coña quito es vino de enfermos, que tomaré en el caso de faltar aguardiente.

CASACA. *(Contento de poder satisfacer el deseo del general).* Tomará el aguardiente que quiere. Ya sabía que es el licor de su gusto. (Va al armario, saca una garrafa grande, vierte en un vaso y se lo ofrece al general Medina).

GENERAL MEDINA. Gracias, Daniel.

CASACA. ¿Y usted, general Marín?

GENERAL MARÍN. Como protejo la industria nacional, aguardiente.

CASACA. Es de lógica favorecer la industria del país. *(Le ofrece un vaso de aguardiente).*

GENERAL MARÍN. Gracias, amigo.

CASACA. Y ustedes, señores.

TODOS. *(A Coro).* Como es malo revolver y habíamos empezado con coñac, démosle fin a la botella de Francia.

La concurrencia brinda con aguardiente y coñac...

GENERAL MEDINA. Por el triunfo más completo.

VILLAMIL. Por el triunfo del medinismo.

MADRID. Por el general Medina.

GENERAL MARÍN. Por nuestro jefe.

CASACA. Por una conjura sin traiciones.

Digresiones familiares por un rato. Pero el general Medina, que es como una esponja, va a la mesa, vierte más aguardiente en su vaso y bebe. Todos celebran el aire desenvuelto del caudillo, conservador en tiempos de Carrera, liberal en los de Barrios.

GENERAL MEDINA. *(Regresando).* Y me beberé toda la garrafa para afligir a Daniel, económico en todo, hasta en fustanes.

Regocijo general.

CASACA. *(Consternado).* Soy un pobre viudo, general.

GENERAL. Ya debías tener otra, para no economizarte como gallo en gallera.

Nuevo regocijo.

MADRID. Pero si reventando la "cabuya"; queda suelto el gallinero, general?

GENERAL MEDINA. *(Con su vozarrón).* Sigue economizándose.

Carcajadas. Miradas de rencor de Casaca para Madrid.

GENERAL MEDINA. Ahora vamos al asunto que nos mueve. *(Se sienta y prosigue).* Conversé con Justo Rufino Barrios en Zacapa. Puntualizo lo que me dijo en aquel lugar. Primero, quiere aprontar la unión de Centro-América antes que se vaya la década. Es hombre sumamente ambicioso. Si el general Carrera se conformaba con el mando de su feudo y con la influencia de los feudos restantes, Barrios adelanta el paso hacia el dominio directo de los cinco Estados refundidos en un solo. *(Se detiene un rato).* Debo hacerles una revelación internacional. La Gran Bretaña se bate en retirada en la América Española. En la nueva situación, ya no contamos con su apoyo. Ya no nos hará préstamos para el ferrocarril, aunque nos cobrará las deudas pendientes porque otra potencia casi le ha arrebatado la zona canalera de Nicaragua. *(Vuelve a detenerse).* A partir del tratado Clayton-Bulwer, los Estados Unidos aumentan su señorío en Centro-América y en la América Española. Tendremos que hacer amistad con ellos. Convivir con sus banderas. Barrios piensa que debemos resistirles para hacer la unión. Yo pienso en la verdad del "destino manifiesto" de Buchanan. La lección del expansionismo yanqui hacia el sur la dejó Walker. Y aunque fuera fusilado el filibustero, ya veremos otras formas expansionistas. *(Pausa)*. Segundo punto, Barrios piensa que Marco Aurelio Soto es sumamente hábil por haberlo conocido en la revolución del 71. Suponiendo que Soto apoyara a Barrios en la acción unionista, en última instancia el Presidente Federal sería Soto y no Barrios. Cosa extraña, Barrios que es más fuerte, en el fondo le teme a Soto, que es más débil, aunque no lo diga por orgullo. Por eso me ha escogido a mí para gobernador de Honduras. Y yo he aceptado porque de tener poder a no tenerlo es mejor tener poder. *(Se levanta y toca en el hombro al general Marín)*. Sin dejar en el tintero lo que ya hemos hablado, Ezequiel...

El general Marín sonríe. Los demás aprueban el discurso en general.

GENERAL MEDINA. Realmente, Soto es peligroso. Es el jefe de los intelectuales de Centro América. Domina a Zaldívar, a Selva, a Guardia. Domina a los hombres de pensamiento y de pluma. Y tiene a su servicio a verdaderas fieras como los cubanos Maceo y Gómez y como Delgado y Bográn. Tiene en sus manos el arma terrible de la civilización, que despierta al pueblo y lo vuelve más heroico. Dejando lo de la unión, si Soto permanece en el poder largo tiempo, y luego le sigue Rosa, y después llega otro parecido, Honduras podría llegar a ser el eje fundamental de Centro América.

VILLAMIL. *(Sarcástico)*. Perdona que te interrumpa, José María. Sin darte cuenta le haces propaganda al adversario.

GENERAL MEDINA. *(Rápido)*. Al enemigo hay que conocerlo, Rafael. Es principio de táctica militar y política.

MADRID. *(Con cálculo)*. El general Medina está exponiendo en forma clara la fuerza de nuestro enemigo para después pasar a la grandeza de nuestros intereses. Por eso conviene guardar silencio hasta que termine.

GENERAL MEDINA. *(Ve de reojo a Madrid)*. Como les decía, en esta contienda de Soto y Barrios, contienda de las letras y las armas, Soto lleva las de ganar. Tiene una teoría unionista, la cual consiste en que se convoque a los cinco pueblos a elecciones para que sean ellos los que decidan la unión o la separación. Los gobernantes se encargarían de vigilar las elecciones con absoluta imparcialidad y luego cumplirían y harían cumplir el voto mayoritario de los pueblos. De su parte, Barrios urge la violencia para unirnos, pagado de su heroísmo militar para merecer las estatuas que no alcanzó Morazán.

CASACA. *(Con gravedad).* Pues no hay acuerdo entre Soto y Barrios.

GENERAL MEDINA. Claro que no lo hay, Daniel. Ni puede haberlo. Ahora bien: aunque Soto domina intelectualmente a Zaldívar, Barrios domina al mismo personaje con la fuerza bruta. Y este es el tercer punto de nuestra entrevista en Zacapa. Barrios le ha ordenado a Zaldívar que me apoye. Zaldívar de su parte le ha dicho a Barrios que me apoyará. *(Pausa).* En cuanto a la grandeza de nuestros intereses, debo decirles la verdad. Para nosotros, la década del 60 al 70 fue notable. Buena la década del 70 al 80, que todavía no ha terminado. Será regular la década del 80 al 90. Y mala, para los que estén vivos, la década del 90 a la iniciación del siglo XX. *(Guarda silencio).*

VILLAMIL. *(Sombrío).* Desde que perdimos a Carrera hemos vivido en un peligroso subibaja.

GENERAL MEDINA. *(Lúgubre).* Justamente el año que murió Carrera me sucedió a mí una desgracia. Seducido por la Iglesia y el rico Juan Vilardebó provoqué la Ahorcancina de Olancho, seguida de otros horrores que pesan en mi conciencia como una losa sepulcral. *(Baja la cabeza).* Con este remordimiento, ahora me dedico a la lectura y he leído diversos libros buscando justificaciones. Pero ni los jesuitas, que alguna vez han predicado el crimen útil, me han dado tranquilidad. Por el contrario, uno de tantos autores advierte que "el hombre que siente remordimientos es el verdadero malvado, porque tiene alguna idea de la virtud, mientras que el duque de Alba y Pedro el Grande eran sistemas y el corsario Mambard una organización".

CASACA. *(Interrumpiendo).* No estoy claro en lo último de ese pensamiento.

GENERAL MEDINA. *(Sin hacer caso a Casaca, se dirige a todos, accionando).* Yo no soy un sistema que necesita el crimen para impedir o renovar algo ni soy una organización que eleva el delito al nivel del patriotismo. Concretamente, soy un malvado verdadero por el arrepentimiento que me angustia, al grado de esperar como una gracia bendita el castigo en el patíbulo. *(Pausa).* ¿Cuándo? No sé... *(Va a la mesa. Llena un vaso. Lo apura. Y regresa).*

VILLAMIL. *(Consternado).* No es para tanto, José María.

GENERAL MARÍN. *(Filosófico).* El hombre hace lo suyo. Lo demás es ajeno. ¿Quién puede responder de que una acción vituperable fuera en su esencia una acción divina?

MADRID. *(Todavía más filosófico, dirigiéndose al general Marín).* Eso se llama predestinación, establecida por San Agustín, y la que le sirvió a Bossuet para decir que Dios hace la historia universal.

GENERAL MEDINA. *(Con la idea fija en la Ahorcancina de Olancho).* Del remordimiento paso al presentimiento. Vivo en constante sobresalto. Y si no me fusila Soto, me asesinarán los ofendidos. Bien sé que se preparan para ello.

CASACA. *(Por decir algo).* En cuanto a Soto, sería desconfiar de nuestro triunfo. Y en cuanto a los olanchanos... yo no creo que lo hagan.

GENERAL MEDINA. Palabras de niño, Daniel. El general Pedro Fernández salió huyendo para Nicaragua en cuanto llegó Soto al poder. En las Segovias compró una mina y se puso a explotarla. Un día fue invitado a un almuerzo campestre, y allí fue envenenado. Dicen que un tal Cirilo Mendoza, segundo de Cinchonero, hizo el mandado.

Sorpresa en todos.

GENERAL MARÍN. Cierto. Había comprado la mina de El Jícaro.

Los circunstantes conversan en voz baja.

GENERAL MEDINA. *(Como si hablara consigo mismo).* Es que ofendí a todo un pueblo. Por las buenas me pidieron que les quitara los atributos de la Iglesia, los diezmos y las primicias. Por las malas les respondí y entonces se sublevaron. Fue una guerra larga. Por poco me derrotan. Pero al fin los vencí, llegando a hacer cosas que solo caben en la cabeza de un demente. *(Se pasea, se detiene y habla con voz tonante).* ¡Bajo un hechizo endemoniado quise parecerme con el Boquerón, que en los días de la conquista arrasó a la ciudad de San Jorge de Olancho! *(Agita los puños cerrados y alza más la voz).* ¡En efecto, fui tan destructor como el Boquerón! *(Gritando para dirigirse a una multitud invisible).* ¡Pedí sangre humana en huacales labrados! *(Tratando de ser oído hasta en la alegre Santa Rosa).* ¡Pedí carne humana asada en varas de caulote! *(Casi enronquecido por el esfuerzo del grito).* ¡Toda locura la cumplían mis subalternos! *(Baja la voz al natural, se sienta).* Por supuesto, no bebí sangre ni comí carne humana. *(Inclina la cabeza. Extrae un pañuelo. Se limpia los ojos. Levanta la frente y habla con voz quebrada).* Qué consuelo me puede servir. Qué confesión me puede ayudar. A veces he pensado en el suicidio, pero ni ese me salva porque queda la historia.

GENERAL MARÍN. General Medina, estamos frente al futuro.

GENERAL MEDINA. Que tiene sus raíces en el pasado.

ESCENA VIII

Tocan la puerta con toques convenidos. Casaca se dirige a abrirla. De uno en uno entran seis hombres, con traje civil, sombrero en mano. Avanzan en fila, después para colocarse a pie firme frente al general Medina y sus compañeros. Estos, a su vez, se han levantado para recibirlos.

GENERAL MARÍN. *(Arrogante)*. General Medina, caballeros, estos son los hombres destinados a tomar el cuartel de Santa Rosa. Todos son valientes, audaces, temerarios. Todos ellos son hombres curtidos en la guerra. *(Se dirige a los recién llegados)*. ¡Preséntense con sus grados, nombres y apellidos!

EL PRIMERO. *(Juntando los talones)*. ¡Coronel Servando Medina!

EL SEGUNDO. *(Llevando la diestra al pecho)*. ¡Capitán Roque Rosales, a la orden!

EL TERCERO. *(Con el mismo ademán)*. ¡Capitán Anselmo Moya!

EL CUARTO. *(Juntando los talones y casi gritando)*. Teniente Israel Álvarez, firme!

EL QUINTO. *(Deja caer el sombrero y acciona con las dos manos)*. ¡Teniente José María Espinoza, viejo soldado de la causa medinista, estoy dispuesto a derramar hasta la última gota de sangre! *(Recoge el sombrero)*.

EL SEXTO. *(Deja caer el sombrero, junta las manos como si fuera a rezar)*. ¡Sargento Primero Juan Rivera, indito de San María, alabado sea Dios! *(Recoge el sombrero)*.

GENERAL MARÍN. *(Se dirige al general Medina y a los demás caballeros)*. Ya los conoce, general Medina. Estos son los hombres, caballeros. En Gracias tenemos gente lista. Son doscientos hombres que seguirán a estos bravos.

GENERAL MEDINA. *(Satisfecho)*. Magnífico. A casi todos los conozco desde hace tiempo. Han marchado en mis tropas. Han entrado conmigo en los combates.

EL GRUPO DE MILITARES. *(En coro)*. Sí, señor.

GENERAL MEDINA. *(A Casaca)*. Ve, Daniel, esta noche te vamos a arruinar. Dales un trago a los muchachos.

CASACA. *(Bromeando en pasivo)*. Ah, general, sigue con las mismas. *(Se dirige a los milites)*. Arrastren aquel banco de ocote para que sentados se tomen el trago.

Dos militares acercan el banco de ocote. Se sientan. Reciben las cristaladas de aguardiente y empinan el codo.

CORONEL MEDINA. *(A Casaca)*. ¡Qué guaro tan bueno!

CASACA. *(Sonriente)*. Lo traje de Guatemala para esta celebración.

Cuando han bebido van a dejar los vasos a la mesa; regresan y se sientan.

CORONEL MEDINA. *(Al general Marín)*. General, nosotros somos hombres de guerra. Quiero decir que nada hacemos en una reunión de políticos. Como el objeto era nuestra presentación con ustedes, cumplido este requisito, volvemos a la fiesta de Santa Rosa. *(Piensa)*. Desde luego, nuestra presentación con los caballeros tiene suma importancia. Pero es más importante la noticia que les traigo. El jefe de la zona de Occidente, general Emilio Delgado, ya tiene los primeros informes de esta conspiración.

Sorpresa general.

VILLAMIL. *(Pálido)*. ¿Será posible que haya un traidor?

CASACA. *(Derrotista)*. Puede haberlo. Es mejor que dejemos esta porquería.

MADRID. ¡Catilina! ¡Quinto Curcio!¡Fulvia! ¡Ciceron!

GENERAL MARÍN. *(Sereno)*. Meses nos hemos llevado en esto. ¡Ahora debemos acelerar los acontecimientos!

GENERAL MEDINA. *(Meditativo).* Es cierto. Le hemos dado tiempo al tiempo. Y yo soy el que dirige... *(Decepcionado).* ¡Es que ya estoy viejo...!

GENERAL MARÍN. *(Con los puños cerrados).* Suplamos la tardanza con la velocidad.

GENERAL MEDINA. *(Con voz de mando).* Ezequiel Marín, recuerda lo hablado en El Rosario. Toma las riendas y métele espuelas al potro.

GENERAL MARÍN. Estamos a treinta de agosto.

GENERAL MEDINA. Opera en el mes de la Natividad.

GENERAL MARÍN. ¿En qué fecha?

GENERAL MEDINA. Tú escógela.

GENERAL MARÍN. *(Al grupo de militares).* Coronel Medina, estamos entendidos de su noticia, y sigue la nueva de que en Tegucigalpa hay un complot para asesinar a Soto. Esto puede distraer la atención.

CORONEL MEDINA. Es una buena idea. Así lo haremos.

GENERAL MARÍN. Ahora pueden marcharse.

Los militares se levantan, se despiden a pie firme. Casaca les abre la puerta, salen y luego cierra.

GENERAL MEDINA. *(A Casaca).* Dame más aguardiente... *(A los demás).* El 24 de diciembre es de buen agüero... *(Beban el aguardiente que le trae Casaca).*

GENERAL MARÍN. *(Al general Medina).* Muy tarde.

CASACA. *(Ofreciendo copas de coñac a sus visitantes).* A mí me gusta el 8, porque mitad de 8, 4; mitad de 4, 2; y mitad de dos, 1, que es el número de Dios.

GENERAL MEDINA. Tiene razón Daniel. Que sea el 8 de diciembre. *(Con voz tonante).* ¡Todos a jurar que se mantendrá en secreto esta fecha!

TODOS. *(Se levantan, hacen la señal de la cruz y juran).* ¡Juramos!

GENERAL MEDINA. ¿Nadie juró con la mano izquierda?

Risas.

GENERAL MARÍN. *(Amenazante)*. Yo le agrego al juramento. ¡Aunque nos vayan en la empresa, si salvo la vida y descubro al traidor, lo mataré como a un perro!

MADRID. *(Rápido)*. Eso merece Quinto Curcio...

CASACA. *(Grosero)*. Debo decirte, Carlos, que ya cansas con tus cursilerías...

Risas.

ESCENA IX

Tocan la puerta con golpes fuera de lo convenido. Sorprendidos los conspiradores se vuelven a ver, solicitando explicaciones con señales. Los golpes fuera de convenio se repiten con más fuerza. Los conspiradores desenfundan sus armas. Casaca con indicaciones mudas se niega a abrir la puerta. Entonces, el general Marín va a abrirla con resolución.

Entra un indio, bajo y grueso, sombrero de palma, camisa de manta, con una chamarra al hombro, pantalones de jerga, con una pesada pistola al cinto, un machete envainado en la mano izquierda, con caites.

El recién llegado se acerca con seguridad al grupo, sin quitarse el sombrero. Al darle la luz, muestra un oliváceo rostro mongólico, acentuado por unos bigotes ralos, negros, largos y caídos.

Villamil, Madrid y Casaca siguen con sus armas en la mano, pero están lejos de conservar la serenidad por creer que el extraño visitante es un agente de la autoridad.

Los generales Medina y Marín, que conocen al personaje, han enfundado sus armas, aunque abrigan temores de otra índole.

EL DESCONOCIDO. *(Con acento indígena)*. Tengo rodeada la casa... *(Fija sus ojillos en cada uno de los conjurados)*. Son cien muchachos escogidos y bien armados...

Los civiles se petrifican al oír tales palabras. Los militares pierden el aplomo.

GENERAL MEDINA. *(Con voz ronca)*. ¿Qué piensas hacer con nosotros?

EL DESCONOCIDO. *(Con un metal maligno)*. Algo peor de lo que hiciste vos con los facciosos de Olancho...

Sopla una helada ráfaga de miedo sobre los conjurados.

EL DESCONOCIDO. Ya sabés cómo me llamo y cómo es mi apodo... *(Se sienta en el banco de ocote con las piernas abiertas).* Puedo llevarlos a mis montañas y arrojarlos a una hoguera... *(Clava sus ojillos de víbora en cada uno).* Puedo hacer bajo torturas que me entreguen sus tesoros...

El general Marín quiere hablar, pero lo calla con un signo de silencio.

EL DESCONOCIDO. También los puedo entregar amarrados al general Emilio Delgado.

Los conspiradores dejan ver el pánico en la respiración alterada.

EL DESCONOCIDO. También puedo llevarlos a Tegucigalpa para congraciarme con el doctor Soto...

El general Marín insiste en hablar, pero el desconocido golpea el suelo con el caite para imponerle silencio.

EL DESCONOCIDO. Por la entrega de ustedes ganaría el perdón de mis crímenes... *(Pasea con rapidez la mirada por la sala, y luego contrae los labios en una casi imperceptible sonrisa mongólica).* Puedo matarlos ahora mismo... *(Se levanta con lentitud y se acerca a los conjurados, quienes en segundos están viviendo siglos).* Vengo como amigo... *(Extiende la mano y estrecha las de Medina, Marín, Villamil, Madrid y Casaca).* Soy Calixto Vásquez... *(Fija una mirada penetrante en Villamil).* Corta-Cabezas.
GENERAL MEDINA. ¿Si vienes como amigo, tomás un trago con nosotros?
CORTA-CABEZAS. Sí.

Casaca vuela a su mesa, llena vasos y copas. Regresa, ofrece en viajes repetidos, y una vez que todos están servidos, beben. Luego que han bebido, Corta-Cabezas, ordena a Casaca que se repita la medida una y otra vez. Después del rito amistoso, se sientan en rueda.

GENERAL MEDINA. Ahora, di qué quieres...

CORTA-CABEZAS. Participar en tu conspiración.

GENERAL MEDINA. Estás equivocado, no tengo ninguna.

CORTA-CABEZAS. No he venido para que me contés mentiras.

GENERAL MEDINA. ¿Quién te ha dicho que estoy conspirando?

CORTA-CABEZAS. Zaldívar quiere que te ayude. Vos vas a tomar el cuartel de Santa Rosa. Yo voy a bajar de Santa María para tomar Comayagua. Allá te espero y juntos vamos sobre Tegucigalpa.

GENERAL MEDINA. Veo que Zaldívar no sabe guardar secretos... Y sin contar conmigo, me busca socios de su gusto.

CORTA-CABEZAS. Bien sabés que Zaldívar, vos y yo somos instrumentos de Barrios...

GENERAL MEDINA. Sí, ciertamente, para botar a Soto.

CORTA-CABEZAS. *(Con una casi imperceptible sonrisa helada)*. Al contrario, para que Soto nos mate a los dos, y luego acordados Soto y Zaldívar, aplastarle la cabeza a la víbora de Barrios.

GENERAL MEDINA. *(Alarmado)*. ¿Entonces, Soto conoce este movimiento?

CORTA-CABEZAS. *(Con frialdad)*. Al extremo que sabe que yo y vos estamos reunidos esta noche, tramando una guerra contra él, y que pronto estaremos en sus manos, con pruebas y engrillados.

GENERAL MEDINA. *(Arrogante)*. No importa... Contamos con la fuerza de Barrios.

CORTA-CABEZAS. *(Clavando en el general Medina sus ojillos negros)*. Tu tal Barrios es un pendejo. No ha comprendido que Soto y Zaldívar son más vivos que él. Cuando nos aniquilen a nosotros, cargarán sobre Barrios para hacer ellos la unión de Centro América o para impedirla.

GENERAL MEDINA. *(Aclarándose la garganta)*. A medida que explicas las cosas, menos las entiendo. En resumen, de cuentas, nosotros dos somos una simple carnada que arroja Barrios al agua para que se la traguen sin cuidado dos peces, Soto y Zaldívar.

CORTA-CABEZAS. *(Con su maligno metal indígena)*. A pesar de que Medinón y Corta-Cabezas son instrumentos de Barrios para botar a Soto, en la que participa el hipócrita Zaldívar, además de ser un informante de Soto, lo que indica que Corta-Cabezas y Medinón están en la trampa de Soto... Eso es... Medinón y Corta-Cabezas tienen que vivir...

GENERAL MEDINA. *(Viendo una luz).* Aunque no siguieras, ya te entiendo.

CORTA-CABEZAS. *(Con su casi imperceptible sonrisa helada).* Podemos aprovechar el odio que hay para Soto por sus reformas y derribarlo. Podemos aislar a Zaldívar que ya no tendrá amigos en Honduras. Podemos jugar con Barrios a la unión, sin dar un paso en favor de ella.

GENERAL MEDINA. *(Admirado).* ¿Dónde has aprendido tanto?

CORTA-CABEZAS. *(Moviendo sus ojillos oblicuos).* En el Cerro Brujo.

GENERAL MARÍN. (Interviniendo por primera vez). Desde allí se ven los tres países.

CORTA-CABEZAS. *(Al general Medina).* ¿Me admitís en tu conspiración?

GENERAL MEDINA. Desde luego, ya estás en ella.

CORTA-CABEZAS. Falta un requisito. Los indios somos desconfiados. *(Se dirige a Casaca).* Amigo, ponga seis vasos de aguardiente en este banco de ocote.

Casaca obedece la orden de Corta-Cabezas. Pone los seis vasos de aguardiente en el banco de ocote.

CASACA. Está servido...

CORTA-CABEZAS. Es sangre de un gobiernista de Colomoncagua.

Todos adivinan lo que va a hacer Corta-Cabezas.

CORTA-CABEZAS. No olviden que están rodeados de cien hombres bien armados. *(Vierte tres gotas de sangre en cada vaso y luego los ofrece a los conjurados).* Solo que beban sangre les puedo creer a ustedes. *(Toma el suyo, lo levanta y brinda).* ¡Pactamos una guerra a muerte contra Soto!

44

TODOS. *(A coro)*. ¡Por una guerra a muerte contra Soto!

Corta-Cabezas observa a los conjurados, y hasta que los ve beber, apura su vaso. Vuelve a dibujar su casi imperceptible sonrisa mongólica.

ACTO I: LA REFORMA, LA POESÍA Y LA TORMENTA

SEGUNDA PARTE

ESCENA I

Sala mayor de la casa de Gobierno, dispuesta en forma de teatro con un escenario al frente. La iluminación con grandes lámparas es completa.

Por el escenario aparece un grupo de damas y señoritas, seguido del poeta cubano José Joaquín Palma.

DOÑA CELESTINA. *(Pesada de cuerpo, bien arreglada, con acento chapín).* Es un teatro, poeta Palma. Es un verdadero teatro. Todo tiene arreglo, consonancia y fantasía como sus décimas...

POETA PALMA. *(Cortesano).* Sus palabras, doña Celestina, tienen el valor de una corona de laurel. Muchas gracias. De otra parte, jamás un varón ha sido tan dichoso como yo en estos momentos al recibir tan hermosa galantería de una dama. Quizá sea la primera vez que se da el caso.

DOÑA GENOVEVA. No le extrañe, poeta. También las mujeres somos galantes con los hombres, cuando lo merecen. Está precioso el teatro.

DOÑA DOLORES. *(Viendo a las paredes del escenario y aspirando).* Genoveva, mira qué coronas, y cómo huelen las rosas, los jazmines y los claveles...

DOÑA GENOVEVA. *(A doña Dolores).* Todo esto es delicioso, Dolores. Estas distinguidas personas han venido de Guatemala solo a darnos sorpresas.

JOSEFITA. *(Al poeta Palma).* ¿A qué hora empezará la representación, poeta?

POETA PALMA. *(Con reverencia).* A las nueve de la noche dará comienzo, señorita.

JUANITA. *(Al poeta Palma).* No han divulgado el nombre de la obra. ¿A qué se debe poeta?

POETA PALMA. *(Con atención para la interrogante).* Mi amigo el doctor Rosa escribió hace años una alegoría titulada "Ondina, o la mujer del Tirano", en la que refiere la ferocidad y los horrores de la guerra que el general José María Medina llevara a Olancho. Y un poeta que no ha revelado su nombre, nos ha enviado el juguete dramático que vamos a representar, el que está calcado, con caprichosas modificaciones, en la alegoría de Rosa.

JOSEFITA. *(Desencantada).* A saber, si en ese juguete dramático entra la filosofía...

JUANITA. *(Más desencantada).* Y quizás en francés, para mayor desgracia nuestra.

LAS DEMAS DAMAS. *(A coro).* ¡Más compostura niñas...!

LAS DEMAS SEÑORITAS. *(A coro).* Creíamos que íbamos a bailar...

POETA PALMA. *(A todas las damas y señoritas).* También habrá bailes esta noche. Las inclinaciones personales pueden escoger...

DOÑA GENOVEVA. *(Al grupo de congéneres).* ¿Serían capaces de despreciar el arte del poeta Palma y la sorpresa que nos dará el autor desconocido?

DOÑA DOLORES. *(Enfática).* Conviene ver ésto. Los bailes son tan comunes que se repiten en el año...

DOÑA CELESTINA. ¿Quieren que pasemos a la pieza siguiente para alegrar el espíritu con una copa de champaña?

CORO DE DAMAS Y SEÑORITAS. ¡Vamos¡ ¡Vamos! ¡Vamos!

ESCENA II

Mientras sale por la derecha del escenario el grupo de damas y damitas con el poeta Palma, entra por la izquierda un grupo de caballeros.

SOTO. *(A la cabeza del grupo y dirigiéndose a Rosa).* Veremos qué interpretación le da el poeta desconocido a tu alegoría "Ondina, o la mujer del Tirano".

ROSA. *(Que le sigue y con animación).* La ha interpretado en verso y a su modo. Me parece interesante. Y a ustedes también les parecerá lo mismo, sobre todo cuando vean en las tablas actuar a dos personajes que el autor llama hijos de la Bella Ondina *(Sonríe).*

GENERAL DELGADO. *(Inquisitivo).* ¿Quiénes serán esos personajes?

GENERAL BOGRAN. *(Bromeando y dirigiéndose al General Delgado).* Tenga la seguridad, General, que ni usted ni yo seremos los actores a que se refiere el doctor Rosa. Por expulsión se sacan las consecuencias. *(El grupo celebra la sutileza del general Bográn).*

CORONEL BONILLA. *(Con voz hueca y profunda, y riéndose).* Como mi único saber es el sentido común, ya adivino quiénes son los nuevos personajes de la obra.

ROSA. *(Elevando la cabeza y dirigiéndose el coronel Bonilla, alegre y sonriente).* ¡El sentido común es un saber admirable, coronel Bonilla, y más cuando se viene, como usted, del lugar donde tanto sufrió la pobre Ondina! Creo que sus sospechas andan cerca de la verdad.

SOTO. *(Se vuelve para dirigirse al coronel Bonilla).* Con el coronel Bonilla tengo que hablar un asunto muy importante después de la representación. Pero antes, dígame: ¿Anduvo usted en los sucesos del 65?

CORONEL BONILLA. Sí anduve, señor Presidente. Milité como soldado en las tropas de Antúnez y Zavala...

SOTO. Muy bien... ¿Cómo hizo para salvarse?

CORONEL BONILLA *(Haciendo con las manos una señal de escape).* Huí como pude y me asilé en Belice, donde permanecí emigrado ocho años.

SOTO. Hablaremos tres: usted, el General Delgado y yo.

CORONEL BONILLA. Muy bien, señor Presidente.

GENERAL DELGADO. Usted ordena, señor Presidente.

ESCENA III

Entra el doctor Adolfo Zúñiga, agitado, limpiándose la frente con un blanco pañuelo. Todos le dirigen la mirada y le hacen rueda.

ZUÑIGA. *(En voz alta).* Señores, les traigo una nueva desagradable

ROSA. ¿A la hora de este festival?

SOTO. Di, Adolfo, esa novedad...

ZUÑIGA. Calixto Vázquez, alias Corta-Cabezas, se ha levantado en las montañas de Santa María y baja de ellas con el designio de tomar la vieja capital de Comayagua.

SOTO. *(Con una sonrisa).* Siento mucho, Adolfo, pero tu novedad no es nueva. ¿Verdad, general Delgado?

GENERAL DELGADO. No es novedad, ciertamente, doctor Zúñiga.

ROSA. Tan no es que seguiremos en festejos y representaciones.

SOTO. Y hasta danzaremos.

ZUÑIGA. Me dejan anonadado.

SOTO. Es que hacer los acontecimientos no es lo mismo que reflejarlos en un periódico.

ROSA. Ni repetir en la Universidad Central la sentencia de Agusto Comte: L'amour comme principe, lordre comme base, le progrés comme but...

GENERAL DELGADO. No nos deje en la luna...

ZUÑIGA. General Delgado, quiere decir: el amor como principio, el orden como fundamento, el progreso como fin...

CORONEL BONILLA. *(Nostálgico).* Cuando oigo estas cosas me duele mi falta de oportunidades para aprender...

SOTO. Pero sí sabe una cosa, Coronel Bonilla, y es que Corta-Cabezas se ha levantado en las montañas de Santa María y que él ha hecho explosión la barbarie contra el amor, el orden y el progreso... *(Medita).* ¡De ahí el origen, la justificación y la conveniencia de la

51

razón del Estado...! *(Alegre y cortés)*. A todo esto, desocupemos el escenario que ya va empezar el drama...

Salen todos.

ESCENA IV

Aparece en el fondo del escenario un listón de manta con letras grandes y negras que dicen: LA HISTORIA DE LA BELLA ONDINA, EN TRES CUADROS. La escena figura un bosque del que surge la bella Ondina con traje rosado de pez, para dar una impresión mitológica. Trae un manojo de algas en la diestra. Luego se presenta Sargentón con los ásperos arreos de un cazador.

ONDINA   ¿Por qué me persigues tanto?
(Despreciativa).

SARGENTÓN   Porque te amo, bella Ondina...
(Con súplica).   Por eso insisto en mi ruego...
                  Verte y perder la cordura
                  ha sido una misma cosa...
                  Todo el daño que me abraza
                  estuvo en que me acercara
                  a las aguas caudalosas
                  del Ulúa, y en su margen,
                  sobre una peña empinada,
                  viera tu imagen celeste...
                  Te sorprendiste al notarme,
                  y te lanzaste a la poza
                  que conduce a tu palacio,
                  que ignoro donde se encuentra.

Se le acerca.

SARGENTÓN.   Bella Ondina, desde entonces,
                  si despierto estoy, te pienso;
                  si dormido estoy, te sueño,

y olvidando mis afanes,
he tomado los arreos
del cazador y te busco
con insistencia suprema,
porque tu luz me da vida,
tu belleza me conforta,
y la esperanza no falta
al corazón lacerado.

ONDINA
(Sonriente).

Como soy mujer y pez,
mejor hubieras buscado
las armas del pescador....

SARGENTON
(Vivaz).

No pensé en eso, adorada...
Pero juro que ahora mismo,
arrojo allá la escopeta...

La arroja.

SARGETÓN.

Este cuchillo de caza...

Lo arroja.

SARGENTÓN.

También arrojo el salbeque...

Lo arroja.

ONDINA
(Irónica).

Para hacerte pescador...

SARGENTON
(Alegre).

Porque tú me lo has ordenado
para mostrarme el camino
que ha de llevarme a la estrella
de tu ansiado corazón.

ONDINA.

Buen pescador, no te veo
el anzuelo, ni el arpón
ni nada que se parezca...

Sonríe.

ONDINA.   Porque entiendo que tu amor
no ha de llegar al extremo
de querer pescar con "pate" ...

SARGENTON   Dios me libre, bella Ondina,
(Presuroso).   que yo usara ese bejuco
venenoso que machacan
los indios para pescar
los veloces cuyameles...

ONDINA   En ese caso, buen hombre,
(Irónica).   Me crees pez y no mujer…

SARGENTON   Sí, no he contestado
(Turbado).   la pregunta que me has hecho...
El "pate" duerme a los peces,
así es, efectivamente,
pero no produce efecto,
tratándose de mujeres...

ONDINA   Pobre pescador sin redes,
(Sarcástica).   que no sabe con quién trata,
pues ni soy pez de las aguas
ni soy mujer de la tierra.

SARGENTON   Entonces... ¿con quién me entiendo?
(Alejado).

ONDINA   Ni pez... ni mujer... qué asco...
(Le arroja las   Persigues a un ser divino
algas a la cara).   con palacio de cristal
en las honduras profundas,
con jardines que no sueña
tu atrevida fantasía,
con amigas como yo,

que cantamos en el alba
el canto de las ondinas.
¿Amores...? Sí que los tengo
pero con seres iguales
por origen y destino...

Se detiene.

ONDINA.   No estoy sujeta a la muerte,
me prolongo en el espacio,
bella, feliz, siempre eterna...

SARGENTON   No haces monstruo, diosa, ondina,
(Gritando).   lo que seas en tu entraña
que afiebrar más mi deseo,
que enloquecer mi locura,
que acicatear más mi arrojo,
y aunque me queme en tus llamas,
y aunque me lleve el infierno,
yo he de probar el azúcar
que me parecen tus labios.

Sargento se arroja salvajemente sobre Ondina, la abraza y la besa. Luego se retira, de frente, dando pasos hacia atrás.

ONDINA   Estás condenado a muerte,
(Amenazante). pero con muerte horrorosa,
que si fuera en blando lecho
no habría condena alguna.

Pausa.

ONDINA.   ¿Te gusta la bella Ondina?
¿Qué tal su beso celeste?
¿Qué tal sus brazos de seda?

SARGENTON. Siento un fuego delicioso...
Y ahora que venga la muerte

56

con el horror que predices...

ONDINA.   Han de dártelas mis hijos...

SARGENTON.   ¿Qué has dicho, numen precioso,
de las aguas y los cielos?

ONDINA.   Los inmortales a veces
tienen caprichos humanos.
Olán, Sotmor y Rosband,
son hijos de mis entrañas,
con el signo de la muerte
por ser hijos de un mortal.

SARGENTÓN.   ¿Qué se hizo el padre de ellos?
(Agitado).

ONDINA.   Sufrió descuartizamiento.
(Sentenciosa).

SARGENTON   Pues que me hagan mil pedazos.
(Cae de rodillas).   Que me frían en aceite
y después que me devoren
en banquete numeroso,
entre acordeones y flores.

Le toma una mano.

SARGENTÓN: Pero tú dime que sí,
que mitigas esta fiebre…

Le acerca la mano.

SARGENTÓN: Siente cómo está brincando
con brincos de potro chúcaro
este pobre corazón...

Le suelta la mano.

SARGENTÓN: Repite el capricho santo
de los dioses al querer
a los míseros mortales.

Sargentón intenta besarla de nuevo, pero Ondina escapa con agilidad.

ONDINA   Vas muy de prisa, buen hombre ...
(Sonriente).   ¿O es que supones acaso
que las deidades eternas
son accesibles al punto
de igualarse a las mujeres?
He de pensarlo despacio
en mi morada profunda...
Sobre todo he de pensar
en la víbora apropiada
que ha de envenenarte el cuerpo
en caso que me resuelva
a apagar el fuego en que ardes
con mis celestes favores...

SARGENTON   ¡Que venga lo que viniere,
(Casi gritando).   el infierno, lo que sea,
con tal de gozar la gloria
en esta Divinidad!

El mismo decorado. Sargentón con el mismo traje, pero sin los arreos del cazador. Ondina con un traje lleno de lentejuelas, al natural, sin figuración de pez. Ambos están sentados en un tronco. Conversan tranquilamente.

ONDINA.   Es inútil que pretendas
por mi medio averiguar
el secreto de los dioses.

Pausa.

ONDINA.   Si me ablandaran tus ruegos,
tú serías fulminado
y convertido en cenizas...

SARGENTON.   ¿Y el castigo reservado
a ti por ser indiscreta
con un mortal de la tierra?

ONDINA.   Baste saber al curioso
que no diré una palabra
sobre las cosas del cielo.

Pausa.

ONDINA.   Nada tiene la hermosura
del silencio, que se eleva
como muro, hasta los astros.

SARGENTON.   Eres mi mujer, ¡te obligo
a que dejes el lenguaje
misterioso del Infierno...

Arrogante.

SARGENTÓN.   ¡No debe llegar a tanto
el abismo entre los dos
por voluntad de tu parte...

ONDINA.   ¿Mujer tuya? Qué imprudencia
darme un nombre inapropiado
y compararme a una larva.

SARGENTON.   ¿Desprecias a la mujer...

ONDINA.   Es de una casta inferior.

SARGENTON.   Excesivo es el orgullo

de los seres inmortales,
al punto que es humillante.

ONDINA. Solo en la tierra se observa
que sea una humillación
el proclamar la verdad.

Se levanta.

ONDINA. Y como vamos de pleito,
vuelve a tus bosques que yo
vuelvo a mis aguas sagradas.

SARGENTON. Eres mi Ondina, te prohíbo
abandonarme sin causa
que sea justificada.

La toma con fuerza.

Al ser hombre no permito
que se me quite el derecho
de ser dueño de una diosa.

ONDINA. Tonta he sido al descender
hasta el lodo material
de un hombre más que grosero.

Tengo recursos diversos
para dejarte en el bosque
convertido en jabalí.

Pero me gusta jugar
con los seres inferiores
para conocer sus fallas.

Suena un cuerno en la distancia. Sargentón pone atento oído. Ondina se sobresalta.

SARGENTON. Un cazador, de seguro...

ONDINA. Olán es, mi hijo mayor...
SARGENTON. Qué dirá, si nos encuentra...

ONDINA. Es posible que habrá riña
porque venera a su madre
y rechaza sus amores...

SARGENTON. ¿Es gigante como yo...?

ONDINA. Un poco menos de cuerpo.

SARGENTON. ¿Es terrible en la pelea?

ONDINA. Siempre su guerra es a muerte.

SARGENTON. Y yo que estoy desarmado...

ONDINA. Pues con pesar te prevengo
que pronto abandonarás
las delicias de la vida.

Suena el cuerno más cerca. Se escuchan ladridos de perros. Sargentón busca un palo para defenderse y no lo había. Ondina, pensativa, lo ve con el índice en la boca.

SARGENTON. ¡Que caray! No encuentro un arma
de madera en pleno bosque.
Pero tengo fuertes puños,
tengo piernas de gran fuerza.
Me batiré como pucta
y venceré al enemigo...

Cambia de voz.

SARGENTÓN.   Francamente, yo no quiero
                      guerra por esta beldad.

Dirige a Ondina una mirada profundamente amorosa. Ondina sigue pensativa, pero luego habla.

ONDINA.   No te hagas, querido amigo,
                      ilusiones en el caso,
                      Habrá guerra decisiva
                      porque tú has profanado
                      el decoro de una madre,
                      que añadidamente es diosa.

SARGENTON.   ¿Quién ganará...? ¡Vaticina...!

ONDINA.   En este momento siento
                      que los dioses superiores
                      me han dejado sin poderes
                      para evitar un combate
                      y saber quién vencerá...

SARGENTON.   Pues a mi Dios me encomiendo,
                      a mi Señor Jesucristo
                      y a la Virgen... Luego, juro
                      que no seré yo el difunto
                      sino el temible adversario.

Llega Olán, con traje y armas de cazador. Se dirige a su madre y se arrodilla ante ella. Luego se levanta y lanza una mirada feroz a Sargentón.

OLÁN.   ¿Madre inmortal; y ese hombre
                      es un viajero perdido
                      en estos espesos bosques
                      o es un vago que ha venido
                      con premeditado objeto?

ONDINA.   Los inmortales no mienten.

Es un hombre que me ha visto
en el peñón donde tomo
el sol en horas tempranas.
Y admirado mi belleza,
ha querido verme cerca;
y yo, gentil, le he brindado
la ocasión de que se sacie
conociendo a las ondinas...

OLÁN.   Es un vago que ha venido
con premeditado objeto.
Y he de matarlo ahora mismo,
porque sé lo que pretende.

ONDINA.   Detén el brazo, hijo mío,
no lo hieras ni lo mates,
que más quiere tu amistad
que ser enemigo tuyo...

OLAN.   No me engaño, bella madre...
Él ha venido a besarte,
a mentirte que te ama,
a prometerte imposibles.
Y yo que llevo tu sangre
inmortal, la siento hirviendo,
aunque sé por otra parte
que habiendo sido mi padre
un hombre, que muerto fuera,
puedo morir en la lid,
pero esto no lo soporto.

Arroja su lanza de acerada punta sobre Sargentón y lo hiere en un hombro, saliendo la roja sangre. Sargentón hace a recoger la lanza para devolverla, pero al segundo tiene encima a Olán para impedírselo. Ambos traban un lucha cuerpo a cuerpo.

SARGENTON.   ¡Eres un salvaje artero
me has herido sin pedirme

explicaciones de hombre...

OLÁN.   ¡Te trato como mereces
         por ultrajar a mi madre
         con tu presencia asquerosa...!

SARGENTÓN.   ¡Si es una diosa tu madre,
              se ha rebajado conmigo,
              como cualquier mujer...!

OLÁN.   Te mataré como a un perro
         por decir lo que no debes
         de la diosa de los ríos...

SARGENTON.   ¿Tú madre? ¡La he conquistado
              para subir a los cielos
              de los seres inmortales...!

OLAN.   Ante injuria tan monstruosa,
         a vivir, llevando el alma
         herida, prefiero muerte...!

Los dos hombres caen enlazados. Luchan a muerte. Dan vueltas. Se alternan en estar el uno sobre el otro. Por fin Sargentón, más fuerte, domina a Olán. Lo exprime, hasta que lo ahorca. Y una vez que lo ha ahorcado, lo arrastra de los pies hasta situarlo lejos. Después, Sargentón jadeante y revolcado, se dirige hacia Ondina, quien ha bajado la cabeza y ha cruzado los brazos.

SARGENTON.   Ondina... Prenda querida,
              a verme en esta tragedia,
              mejor fuera yo el cadáver...

Avanza unos pasos.

SARGENTÓN.   Ondina... Mis sentimientos
              eran de amistad con él,
              pero prefiero la muerte...

Suplicante.

SARGENTÓN. Ondina... ¿Me voy...? ¿Me quedo...?

Cae de rodillas.

SARGENTÓN. Ah, sí... Olvidaba que eres
un ser sobrenatural,
que tu silencio es eterno.

Se levanta.

SARGENTÓN. Ahorcado es que ha muerto Olán,
no lo maté con acero,
Dios me libre de la horca.

Ondina... Corazón mío,
tu silencio es un decreto
de muerte por este crimen...

Vuelve a ver al muerto.

SARGENTÓN. Olán, seremos amigos...

Vuelve a ver a Ondina.

SARGENTÓN. Ondina, no me desprecies...

Viendo a los cielos.

SARGENTÓN. Qué horrible ser delincuente...

Desaparece.

En pleno bosque. Ondina viste traje negro. Sotmor y Rosband, se hallan junto a ella, con sus vestidos y sus ramas de cazadores. Se pasean inquietos.

ONDINA.
(Informa sobre
la muerte de Olán)

Valida de mis poderes,
lo llevé a las azules aguas
del Guayape, donde duerme...

Esta desgracia sin nombre
pasó hace doce lunas,
grabada está en mi memoria.

Mi palacio de cristal
se ha opacado desde entonces,
no tiene el encanto de antes.

Mis jardines florecidos
han marchitado sus rosas,
se desgajan hoja a hoja.

Olán, un mortal valiente,
dejó a su madre sumida
en eterna desventura...

SOTMOR.
Bien pudiste defenderlo;
¿por qué no lo hiciste, madre?

ONDINA.
Los inmortales querían
la muerte del noble Olán,
y me quitaron el ánimo.

ROSBAND.
Muy bien, porque de otro modo
tendrías parte en el delito.

ONDINA.
Cuando luchaban feroces
en mi presencia divina,
me sentí débil mujer.

SOTMOR.
¡Maldición! Cuando debías
fulminar con tus poderes

superiores al bandido.

ONDINA.   No hiciste más que ver la lucha,
debilitada en extremo,
como carente de sangre.

ROSBAND.   Madre, pagaría acaso
el pobre Olán tus pecados,
y por eso yace muerto.

ONDINA.   Desgracia de las ondinas
que son cielo, descender
a los hombres que son tierra.

SOTMOR.   Olán era un ser mortal,
y por tanto de algún modo
tenía que perecer.

ROSBAND.   Es muy seguro que Olán
pretendía defender
del tirano a nuestra madre.

SOTMOR.   No había pensado en eso,
quiso librarla del déspota
y se lanzó a la batalla.

ROSBAND.   Se dio cuenta de que había
aprisionado en sus brazos
el talle de nuestra madre.

SOTMOR.   Yo, Rosband, sería el muerto
en un caso semejante
de ostensible desvergüenza.

Esto si viene altanero,
que si viene como amigo,
he de darle mi amistad
en el apretón de manos.

ROSBAND. Lo mismo digo, Sotmor,
a vista de un sacrilegio
hoy estaría sin vida.

SOTMOR (A Ondina). ¿Cómo es el tirano, madre?
ONDINA. Alto es como un gigante...

ROSBAND. ¿Tiene fuerzas gigantescas?

ONDINA. Más fue el destino de Olán...

SOTMOR. Ciertamente, porque Olán...

ROSBAND. Era un guerrero temible...

ONDINA. Sin el decreto inmortal...

SOTMOR. Habría sido el vencedor...

ROSBAND. Y el déspota fuera el muerto.

Guardan un silencio largo. La muerte de Olán aflige a los tres.
Ondina, que no sabe llorar, inclina la cabeza. Sotmor y Rosband
mojan con lágrimas sus pañuelos.

ONDINA. Tenéis que vengar a Olán,
a vuestro hermano mayor,
es mandato de los dioses.

SOTMOR. Dirás, hacerle justicia,
que así se llama en el mundo
de los míseros mortales.

ONDINA. Los inmortales registran
en su diccionario el nombre
de venganza, sin sinónimo.

ROSBAND. Los mortales conocemos
la justicia, que es cristiana,
y esa es la que aplicaremos.

ONDINA. Venganza...justicia...
lo que sea, ha de morir
el asesino de Olán.

SOTMOR. ¿Cómo fue su muerte, madre?

ONDINA. Por ahorcamiento, fue ahorcado
por las manos del gigante
en la lucha cuerpo a cuerpo.

ROSBAND. ¡Fue muerto por ahorcamiento...!

ONDINA. Le fue aplicado el castigo
que se aplica a los ladrones
y vulgares asesinos.

SOTMOR. Mancilló nuestro linaje
divino-humano el gigante.

ONDINA. Estaba así decretado
que Olán muriera entre garras,
en ausencia de las armas.

ROSBAND. ¿Triunfaremos, madre mía?

ONDINA. Triunfaréis, y en la pelea
seréis ágiles y fieros
como los rugientes leones.

SOTMOR. Madre, vamos a buscar
en la espesura del bosque
al asesino de Olán.

ROSBAND. Nos vamos, madre, es preciso
cazar a la fiera negra,
antes que caiga la noche.

Se disponen a partir.

ONDINA. No os mováis, que ha de venir...

ROSBAND. Extraño que lo asegures.

ROSBAND. De seguro le ofreció....

ONDINA. Más respeto con tu madre,
Rosband mío ...Tú no sabes...

ROSBAND. ¿No sé qué, madre querida?

ONDINA. La fragilidad que tengo
con los mortales la pago...

Se detiene.

ROSBAND. ¿Con qué, dime madre amada?

ONDINA. La pagó estando presente
en las tragedias humanas...

ROSBAND. ¿Porque tú lo quieres, madre?

ONDINA. Por decreto de los dioses,
tal es el castigo de ellos.

SOTMOR. No nos has dicho su nombre...

ONDINA. Es muy vulgar... Le conocen
llamándolo Sargentón.

SOTMOR. ¿Y su nombre verdadero?

ONDINA.	Está detrás de ese apodo, y a nada lleva saberlo.
SOTMOR.	Ha de venir ... Es que te ama...
ONDINA.	Siempre viene y se arrodilla; llora y me pide perdón.
SOTMOR.	De repente, le perdonas.
ONDINA.	Estima más a tu madre, mi deslenguado Sotmor.
SOTMOR.	Haya paz entre nosotros...
ONDINA.	Es mi deseo mayor...
ROSBAND.	Y que se cumpla el destino.

Guardan un silencio largo. Sotmor y Rosband se esconden detrás de gruesos troncos. En eso aparece Sargentón, se dirige a la enlutada Ondina y cae de rodillas.

SARGENTÓN.	Ondina, este criminal que vive en suplicio diario, viene a pedirte perdón.
ONDINA.	Perdonarte yo... ¿Y Olán, aquel hijo de mi seno, que lo has hecho, Sargentón?
SARGENTÓN.	Bien sabes que yo no tuve intenciones de matarlo, y fue él quien me atacó.
ONDINA.	Te atacó porque los hijos verdaderos son celosos

del decoro de sus madres.

SARGENTÓN. Bien lo sé que son celosos,
pero comprende que existe
la legítima defensa.

ONDINA. La legítima defensa
estaba en él que velaba
el decoro de su raza.

Salen Sotmor y Rosband de sus escondites. Sargentón se levanta
de un salto, y empieza el combate a muerte.

SOTMOR. Malnacido, has de pagar
el crimen que cometiste
en el desdichado Olán.

ROSBAND. Has de pagar ahora mismo
la forma en que lo mataste,
ahorcado como ladrón.

SARGENTÓN. No me defiendo, matadme,
que dice el refrán antiguo,
"el que la debe la paga".

SOTMOR. Somos guerreros, defiéndete
como guerrero que eres,
para alivio de tu muerte.

ROSBAND. No habría "juicio de Dios"
si te entregaras cobarde
a nuestro fiero deseo.

SARGENTÓN. ¿Dos contra uno, enemigos...?

SOTMOR. ¡Escoge al que más te plazca...

ROSBAND. ¡Ojalá me escoja a mí...!

SARGENTÓN.   ¡Joven eres vive más...!

SOTMOR.   ¡Entonces soy yo el dichoso...!

SARGENTÓN.   ¡Contigo mido mi espada...!

Se va el uno contra el otro. Pelean con bravura en el bosque siniestro. Ondina, sentada en el tronco caído, baja la frente y cruza los brazos.

SOTMOR .   ¡La sangre vieja no puede
vencer a la sangre joven!

SARGENTON.   ¡No es por viejo
que me vences
sino por ser delincuente!

SOTMOR.   ¡Ya está cansado el gigante
en el borde de la muerte!

SARGENTON.   ¡Estoy pagando un delito
el ahorcamiento de Olán!

Sotmor le hunde su espada a Sargentón, quien cae espaldas, soltando el acero.

ROSBAND.   ¡Madre, madre, la justicia
se ha cumplido en Sargentón!

Ondina sigue con la frente baja y los brazos cruzados. Sotmor se le acerca y se hinca.

SOTMOR.   Llego sin manchas de sangre,
Sargentón ha perecido.

ONDINA.   Pero no vuelve a vivir
(*Levanta la frente* mi queridísimo Olán,

y afloja los brazos): ni vuelve la paz antigua...

En cuanto el cielo se junta
con la tierra miserable,
vienen aciagos sucesos...

SOTMOR.
(Se levanta).

Lo quería... Se está viendo.

ROSBAND.
(Indignado).

Eso suena a canto fúnebre...

ONDINA.

Bendigo a mis bravos hijos,
Los dioces los favorezcan,
y Ondina se va a sus aguas.

SOTMOR

Oh madre, nos abandonas...

ONDINA.

Siempre estaré con vosotros.

ROSBAND.

Madre, te veo disgustada...

ONDINA.

Os amo entrañablemente,
sufro congoja nomás
porque os, tocó ensangrentaros...

Pero pienso que así es
cómo se forja la historia
en el reino de los hombres...

La muerte pide venganza,
la venganza pide muerte,
y así es que gira la rueda.

Olán fue muerto una tarde,
su matador Sargentón
está sin vida en la hierba...

No por razones humanas,
por designios divinales,
quién responde de vosotros?

SOTMOR.   Esa es una historia falsa...
(Indignado)

ROSBAND   Es teología de ondinas...
(Sarcástico).

ONDINA   Respetadme, por favor...

SOTMOR Y
ROSBAND   Como madre y como diosa...

ONDINA   Os echo mi bendición...

Sotmor y Rosband caen de rodillas. Ondina les pone las manos en la cabeza. Luego, desaparece.

ROSBAND Y
SOTMOR   ¡Alabada madre nuestra!
                ¡En esta historia Sotmor,
                juntamente con Rosband,
                os señalan cuán siniestra
                es la locura del amor
                que favorece a un truhán!

                ¿Quién da ese filtro? Pensemos,
                con pensar agotador...
                Porque males viene, van...
                Y a Ondina siempre la vemos
                con un Sargentón peor
                que cruel ahorca a un Olán!

Sotmor y Ronsband avanzan lentamente por el bosque hasta que se pierden.
Tempestad de aplausos en la sala mayor de la Casa de Gobierno.

ESCENA V

El Director de escena sale precipitadamente, con las manos en alto, para dirigirse al público.

DIRECTOR DE ESCENA. ¡Un momento, por favor! ¡No se vayan, ¡que no ha terminado el acto!

Quienes se habían levantado, se sientan. El Director de escena espera el silencio, y una vez que se ha hecho, habla.

DIRECTOR DE ESCENA. Honorable concurrencia: "La historia de la bella Ondina" en tres cuadros que acabáis de ver y gozar es la obra literaria de un autor popular que ha interpretado en verso, con agregados propios, la pieza en prosa de nuestro gran Ramón Rosa, titulada "Ondina o la mujer del Tirano".

Tempestuosos aplausos en la sala.

DIRECTOR DE ESCENA. ¡Como habéis visto, se trata de un juguete dramático basado en la mitología escandinávica, pues las ondinas nórdicas son las mismas ninfas griegas, y los nombres Olán, Sotmor y Rosband, son escandinavos!

Risas en la sala.

DIRECTOR DE ESCENA. ¡Solo el nombre de Sargentón es paisano!

Risas más altas en la sala.

DIRECTOR DE ESCENA. Al ser obra imaginativa, es claro que carece de segunda intención!

Se prolongan las carcajadas.

DIRECTOR DE ESCENA. ¡Si algún parecido la halláis con los sucesos nacionales, eso es pura casualidad o es obra de vuestras mentes!

Delirio. Gritos.

DIRECTOR DE ESCENA. ¡Es que los autores suelen expresarse en símbolos y los lectores que operan por comparación, hallan parecidos...!

¡Un grito en la sala: ¡Sargentón es Medinón!

DIRECTOR DE ESCENA. ¡Era lo que yo decía! ¡Allí tenéis un ejemplo!

Se renueva el delirio.

DIRECTOR DE ESCENA. Pero suponiendo que Sargentón fuera Medinón, ¿quiénes podrían ser Sotmor y Rosband?

Un grito en la sala: ¡Soto y Rosa!

DIRECTOR DE ESCENA. ¡El general Medina es ahora hombre de paz! ¡Vive tranquilo en Gracias! ¡Ya es un viejo enmohecido!

Un grito en la sala ¡Pero debe la Ahorcancina de Olancho!

DIRECTOR DE ESCENA. ¡Esos son errores del pasado que no deben alterar la visión del porvenir que tiene la Reforma!

Un grito en la sala: ¡Sobre el pasado se edifica el futuro!

DIRECTOR DE ESCENA. ¡Basta con tejer coronas para los héroes del año 65! ¡Bernabé Antúnez, Francisco Zavala, José María Rosales y Serapio Romero son dignos de esas coronas porque hicieron resistencia a la tiranía hasta la muerte, pero nada más!

Murmullos en la sala.

¡Recordar a los héroes caídos!
¡Rehabilitar sus nombres enlodados por la infamia!
¡Hacer honor a un pueblo valiente que sufrió el sacrificio de los mártires!
¡No podría ser otro el papel de un Gobierno que trae al país las primeras luces de la justicia, la civilización y la cultura!

Aplausos tempestuosos que duran seguidos.
Un grito en la sala: ¡Que salga el autor de la Historia para conocerlo!

DIRECTOR DE ESCENA. No está en Tegucigalpa ni ha dado su nombre.

Nuevo grito en la sala: ¡Hay que buscarlo en Olancho y traerlo amarrado!

DIRECTOR DE ESCENA. *(Sonriente)*. ¡No hace falta, porque tal vez haya querido que su poema dramático sea un recordatorio del pueblo sufrido a quienes están obligados a procurarle su bienestar!

Gritos en la sala: ¡Viva Honduras! ¡Muera la tiranía! Vivas, mueras y aplausos.

TELÓN

ACTO II: EL COMANDANTE DE ARMAS DE COPÁN CAPTURA A LOS CONSPIRADORES

PRIMERA PARTE

ESCENA I

Amplia sala de la Comandancia de Armas de Santa Rosa de Copán, con varios asientos. Daniel Casaca fue el primero en caer en manos de la autoridad. Conversa con un soldado que guarda la puerta de la derecha, y hace descansar en el piso la culata del fusil que porta. Vamos a convenir en que don Daniel es un ciudadano honrado, pero no es un héroe ni cosa que se parezca.

CASACA *(Agitado).* Esta es una injusticia... Es una injusticia, amigo... Yo soy un hombre de bien dedicado a la agricultura y a la ganadería, nada más...

EL SOLDADO *(Soñoliento).* Sí, señor...

CASACA. Quisiera saber algo.... Algo... Es que si tuviera un indicio, ya estaría pensando en mi defensa. ¿Has oído tú siquiera una palabra de este asunto?

EL SOLDADO. No, señor...

CASACA. *(Volviendo la espalda, levantando las manos y dando unos pasos).* ¡Demonios ...! ¡Rayos...! ¡Infiernos...! Se sienta en una silla, apoya la cabeza en las dos manos, piensa, luego se levanta y se dirige al soldado). Se me cae la cara de vergüenza, qué estará diciendo el público... ¿Verdad, joven, que esto es vergonzoso...?

EL SOLDADO. Sí, señor.

CASACA. ¿Y cuando me trajeron a este lugar fatídico, oíste decir que estaría poco?

EL SOLDADO. No, señor...

CASACA. Contigo no se puede conversar. Solo sí...no... sabes decir. ¿Podrán venir a verme mis familiares, mis amigos...?

EL SOLDADO. Sí, señor...

CASACA. ¿Podrías ahora mismo hacer que me llamen a una hija...?

EL SOLDADO. No, señor...

Se asoma a la puerta un sargento que conoce a Daniel Casaca y le da conversación.

SARGENTO *(Con estilo cuartelario)*. Don Daniel, ¿cómo se siente?

CASACA. Nadie se siente bien en una cárcel...Y tú, ¿qué tal?

SARGENTO. Ya lo ve, gordo y feliz en el oficio de cuidar presos.

CASACA. Mal oficio. Yo en tu lugar estaría flaco y triste.

SARGENTO. Todo está en la costumbre, don Daniel. Yo al principio me fastidiaba, pero con el tiempo me fui haciendo y hoy duermo como un "mico de noche. *(Se ríe con estupidez)*.

CASACA. Pero yo no te doy lástima?

SARGENTO. Usté es el que debía tenerse lástima al evitar las babosadas en que se mete...

CASACA. ¿En qué babosadas me he metido?

SARGENTO. Y me lo pregunta a mí que sé menos que usté.

CASACA. Las malas lenguas siempre buscan víctimas...

SARGENTO. Así dicen todos los reos. Son mis malos querientes los que me arriman este delito.

CASACA *(Con desesperación)*. ¿Has venido a torturarme?

SARGENTO. No a ponerme a sus órdenes. ¿Qué desea?

CASACA. Hablar con mi hija.

SARGENTO. Eso no se puede porque está incomunicado.

CASACA. Cruzar unas palabras con el general Bográn.

SARGENTO. Tampoco porque les está prohibido a los clases hablar con los altos jefes.

CASACA. ¿Y entonces de qué puedes servirme?

SARGENTO. De traerle comida, cigarros, puros y hasta su traguito de aguardiente para que se le quite la nerviosidad.

CASACA. Efectivamente, tráeme una botella de aguardiente.

SARGENTO. *(Extiende la mano abierta).* Deme el dinero.

CASACA. Si me lo quitaron en el registro de cuerpo que me hicieron.

SARGENTO. Ah, entonces no hay trago... *(Pela los dientes y se va.*

Se sienta el preso y apoya la cabeza en las dos manos. En esa actitud le encuentra el teniente encargado de su custodia.

TENIENTE. Don Daniel, lo veo acongojado.

CASACA *(Levanta la cabeza y se para).* Usted lo ha dicho. Estoy acongojado. Nunca me habían dado una avergonzada como ésta.

TENIENTE. ¿Es la primera, don Daniel?

CASACA. Es la primera, amigo, y sin saber por qué causa.

TENIENTE *(Por consolarlo).* Ya le van a dar salida. Solo son seis días para inquirir.

CASACA. Seis días que para mí serán seis años.

TENIENTE. No cabe la comparación. Seis días son un suspiro. Seis años ya es otra cosa. El martes próximo le toman su declaración, y como va a resultar inocente, Dios mediante, de allí saldrá con la frente levantada. Cómo se va a alegrar su mujer. Qué abrazos le va a dar.

CASACA. Soy viudo por desgracia, Teniente.

TENIENTE. Pues su "bulto", como dicen en San Miguel... La conspiración en que está metido solo es un "ardid" del Gobierno para coger a ciertos peces gordos... *(Le clava los ojos).*

CASACA *(Se bambolea).* ¿De qué conspiración habla usted?

TENIENTE. *(Con leve sonrisa).* Allí tiene si es inocente, que ni siquiera sabe una palabra de la conspiración...

Pausa.

TENIENTE. El general Medina iba a tomar el cuartel de Santa Rosa para derribar el Gobierno de Soto.

Casaca suda a mares y se limpia el rostro con un pañuelo.

TENIENTE. Su aliado Corta Cabezas ya está en armas.

Casaca se sienta en una silla casi desmayado.

TENIENTE. Son negras las intenciones del Gobierno para con los conspiradores.

Casaca quiere hablar y solo abre la boca.

TENIENTE. Pero como usted, don Daniel, es inocente, le darán su libertad.

Se va el Teniente con mal disimulada sonrisa.

ESCENA II

Entra el licenciado Carlos Madrid en la espaciosa sala de la Comandancia de Armas, después de despedirse del grupo de soldados que lo ha traído y que se retira en el acto. Al entrar ve a todos lados y advierte a don Daniel Casaca, a quien saluda a su modo.

MADRID. Vengo a acompañarte, Daniel. En malas condiciones porque me siento enfermo...

CASACA *(Alentado)*. Tenía miedo de estar solo, pero acompañado ya es distinto. ¿Estás enfermo, dices?

MADRID. Me tienen agobiado unas calenturas tercianas. Pero mis captores no tomaron en consideración esta circunstancia. Sin embargo, vengo resuelto a todo.

CASACA. Ciertamente, veo que vienes resuelto, y me contagia tu valor.

MADRID. Hay un hecho que me molesta. Nunca había sido afrentado. Hasta ahora se da el caso. Pero como dicen los reos comunes "a nadie se come la cárcel".

CASACA. Eso en el caso de los reos comunes. Nosotros somos reos políticos.

MADRID. Sí, es distinto. Pero nos vamos a defender. Para eso soy abogado. Los profesionales del Derecho vemos con más claridad los conflictos de los ciudadanos con el Estado, y sabemos hallar las salidas.

CASACA. Es tu ventaja sobre mi persona que soy un ignorante en leyes. ¿Nos salvaremos, Carlos?

MADRID. Me parece que sí. Todo está en saber cómo se nos viene el Comandante de Armas, para así formular nuestra defensa.

CASACA. Creo que el Gobierno nos ha encerrado por simples sospechas...

MADRID. O tal vez para tomar prevenciones de un hecho que iba a suceder.

CASACA. Sí, de un hecho que iba a suceder...

MADRID. No es tan grave el caso.

Ambos se sientan. Madrid saca cigarrillos. Le ofrece uno a Casaca. Hace lumbre. Y ambos fuman.

CASACA. ¿Habrán capturado a Rafael Villamil?

MADRID. No tarda en venir.

CASACA. Lo dices con tanta seguridad...

MADRID. Como no lo voy a decir... sí están llenando las cárceles... Son nubes de presos... Lo que pasa es que a nosotros nos traen aquí por creernos los principales...De modo que no esperes mucho para ver a Rafael Villamil...

CASACA. Y al general Marín...

MADRID. Ese quién sabe porque es un "bagre" en ancho río.

CASACA. ¿Y el general Medina?

MADRID. Esta es hora que ya traspasó la frontera de Guatemala.

CASACA. Pero no te das cuenta, Carlos, que nos están tomando por sorpresa, ¿y que así puede caer el general Medina?

MADRID. No te digo que sí ni te digo que no. Solo sé decirte que el general Medina tiene las suyas y las ajenas.

CASACA. Nos habrá traicionado aquel grupo de militares...

MADRID. No puede ser, si los militares nos pusieron en guardia. Recuerda que fueron ellos quienes nos avisa-ron que el Gobierno ya estaba en autos del desarrollo de la conspiración.

CASACA. (Pensativo). Es cierto. ¿Y una zafada de Corta-Cabezas?

MADRID. Menos... Corta-Cabezas es un indio áspero y ambicioso que sólo habla consigo mismo... Además, está muy atareado en los pueblos de la Sierra para caer sobre Comayagua...

CASACA. Pero la verdad es que ha habido traición.

MADRID. ¿Te acuerdas que te conté la historia de la Conjura de Catilina en la que había un Quinto Curcio, amigo de una Fulvia, confidente de Cicerón...?

CASACA. Me acuerdo.!.

MADRID. ¿Y te acuerdas que ya estabas ofendido por mis previsiones...?

CASACA. De eso no me acuerdo...

MADRID. Ya ves. De lo mío te acuerdas. De lo tuyo no.

Casaca se pone el índice en la boca y piensa en los opotecas que tiene trabajando en su finca.

CASACA. A saber si serán aquellos imbéciles opotecas a los que di trabajo en mi finca...

MADRID. ¿Con que tenías mozos de otra parte y no lo habías dicho?

CASACA. Son tan tontos que los creo incapaces de una delación.

MADRID. Pues por allí anda la historia. Y ahora ya es tarde para remediar el daño.

CASACA. *(Apretando los puños).* ¡Bandidos! ¡Si salgo, me los como vivos!

Se presenta el Sargento con una botella grande y un vaso.

SARGENTO *(Gordo y sonriente).* Don Daniel, un hombre y una mujer vienen de una hacienda suya con el deseo de verlo. Le traían almuerzo, pero yo les dije que era prohibido entrarle nada, y que de hambre no se moriría porque aquí abunda el rancho de los soldados... *(Se ríe, mostrando la dentadura).* Sí, les dije que usted quería una copita para aplacar el flato, y entonces el hombre me suplicó que le comprara este aguardiente y aquí se lo traigo… *(Vuelve a reír).*

CASACA. ¿Cómo se llama el hombre?

SARGENTO. A ver... Se llama Jacinto.

CASACA. ¿Y la mujer?

SARGENTO. *(Piensa).* Se llama... se llama...Fidelia.

CASACA *(Vacilando).* Santo Dios, habré caído en la calumnia... *(Recapacita).* ¡Venga esa botella y ese vaso!

(Vierte el líquido y le ofrece a Madrid).

MADRID. Me das a mí primero para ver si está envenenado...

CASACA. Es cortesía, hombre... Pero en fin... *(Se empina el trago)*. Y ahora bebe... miércoles de ceniza... *(Va y deposita en un rincón la botella y el vaso)*.

Vuelve a llegar el Teniente encargado de la custodia.

TENIENTE. ¿Cómo está, licenciado?

MADRID. Bien en el lugar adonde he despachado a tantos.

TENIENTE. Y adonde podría despacharme a mí.

MADRID. Si se colocara en circunstancias parecidas, no lo ponga en duda.

TENIENTE. *(Irónico)*. Desde luego, usted no se colocó en esas circunstancias para llegar a este lugar.

MADRID *(Incómodo)*. Eso lo resolverá el juez.

TENIENTE *(Con sonrisa maliciosa)*. También las conversaciones suelen resolver ciertos destinos...

MADRID. ¿Por ejemplo?

TENIENTE. Si este asunto anda arriba de la cabeza de un juez ordinario, es posible que el licenciado Carlos Madrid y don Daniel Casaca ya se hallen en capilla ardiente... *(Se va)*.

MADRID *(En voz alta)*. ¡Verdugo, que vienes a torturar a unos indefensos! ¡Haré mención de este caso en mi alegato!

ESCENA III

Entra don Rafael Villamil en la espaciosa sala de la Comandancia de Armas.

VILLAMIL. *(Avanzando).* Amigos, nos reúnen obligadamente para tener una cita con el destino...

MADRID *(En broma).* Rafael, he leído en alguna parte que el destino está lejos de ser inexorable. Por el contrario, con el requerimiento es accesible como la mujer...

CASACA *(Suficiente).* Más valor siento en el pecho con la llegada de Rafael. En compañía, el temor individual se disipa... Es posible que el destino sea blando como la mujer...

VILLAMIL. *(Se sienta. Lo imitan sus compañeros).* En una cita con el destino se juega a cara o cruz. O nos salvamos o nos fusilan...

MADRID. Esto lo hemos conversado con Daniel. ¿Cómo es posible lo peor, faltando la comisión del delito? ¿No estamos presos antes de los hechos, cosa completamente distinta de estar después de los hechos?

VILLAMIL. Buena lógica jurídica. Veremos...

CASACA. Me sorprende tu captura. Dijeron que habías traspasado la frontera.

VILLAMIL. Así son las cosas, Daniel. Al saber que estaban capturando gente, pensé en la salvación. Me conducían dos hijos de crianza. Íbamos por extravíos. Pero llegó un momento en que nos perdimos. Hubo necesidad de buscar un "chane", es decir un guía fronterizo para que nos llevara al otro Estado, y en cierto lugar nos dejó asegurando que estábamos en Guatemala. Nos inspiró confianza, nos quedamos a dormir en aquel sitio y allí nos capturó una escolta de los Llanos. Nos había engañado.

Pausa.

VILLAMIL. ¿Y a ti cómo te lazaron...?

MADRID. Una imprudencia de la familia. Como en tiempos normales dieron en mandarme almuerzo con un muchacho. La constancia del muchacho en sus idas y regresos, dio el camino a los sayones. Eso fue todo. *(Pausa)*. Enfermo de calenturas tercianas como me hallo, estaba preparando viaje para El Salvador.

VILLAMIL *(A Casaca)*. ¿Y a tí, Daniel, cómo te pescaron?

CASACA. De la manera más tonta. Hasta me da pena contarlo. Acostaba a una nietecita que se había dormido en mis piernas, cuando tocaron la puerta y sacaron los rifles... *(Pausa)*. Acosté a la niña, y pasando a la sala les pregunté en voz alta: ¡Quién toca! Me contestaron: ¡La autoridad le habla, don Daniel! Abra o le rompemos la puerta! Abrí, y aquí me tienen...

MADRID. Pero hijo de Dios, ¿no recordabas en lo que te habías metido...?

CASACA. Como yo sé que se encarcela por hechos consumados, y no por pensamientos y acciones que todavía no han llegado a punto fijo...

VILLAMIL. La confianza mata al hombre, Daniel.

CASACA. Tan la mata, que ninguno de los presentes me puede inculpar de nada.

MADRID. En eso tienes razón. Pero Rafael ya se había movido hacia Guatemala, y yo estaba a punto de partir...

CASACA. Los héroes escapaban cuando estaban comprometidos en una conjura para tomar el cuartel de Santa Rosa... *(Pausa)*. Si capturan al general Marín, con seguridad que lo encuentran en su finca... *(Arrogante)*. Si capturan al general Medina, lo hallarán en su hacienda de El Rosario. *(Mas arrogante)*. No los sorprenderán haciendo malletas y llenando arganas. *(Va a la esquina y se empina la botella. Regresa)*. Corta-Cabezas ya está en acción.

VILLAMIL. De donde menos espera, salta la liebre. Ya nos dio una regañada.

MADRID. Nos debías dar un trago...

CASACA. Tiene veneno...

Villamil y Madrid se sienten avergonzados. Lo. que les ha dicho Casaca es la verdad. Villamil con grado de coronel, aunque de ocasión, y Madrid abogado de nota, desertaban del combate. Y se los había dicho Casaca, hombre de natural pacífico, pero buen razonador en el caso.

MADRID *(Se levanta y se pasea).* Qué feo es estar preso.

VILLAMIL. Más feo ha de ser cuando a un cristiano lo arriman al muro y preparan las armas para dispararle al pecho.

CASACA. Yo soy cobarde. Nunca hice alarde de valentía. Pero me confortan los látigos, la corona de espinas, la cruz, los clavos y el lanzazo de Nuestro Señor Jesucristo...

Llega el Teniente de la custodia con una sonrisa ancha.

TENIENTE. ¡Coronel Villamil!

VILLAMIL. Diga, joven militar...

TENIENTE. Por poco se salva.

VILLAMIL. Estuve a punto de salvarme.

TENIENTE. El Presidente Barrios de Guatemala va a hablar por ustedes con el Gobierno.

VILLAMIL. Es una buena noticia.

TENIENTE. Es claro. Como son agentes de él, tiene que hablar. Aunque esta gestión puede perjudicarles más, por comprobar que se hallaban al servicio de una nación extranjera...

VILLAMIL. *(Indignado).* Bueno, perito, ¿es que alguien te manda para que vengas a fastidiarnos?

MADRID *(Echando chispas).* ¡A mí también me ha molestado este mal hombre!

CASACA. ¡Lo mismo hizo conmigo ese malvado...!

TENIENTE *(Calmoso).* No se alteren ni me insulten. Yo vengo a decirles lo que sé para que formulen su defensa. Pero si no lo agradecen, allá los desgraciados con las consecuencias. *(Se va).*

Los reos en sus paseos por la sala se encuentran y se dan el paso.

ESCENA IV

Entra el general Ezequiel Marín a la espaciosa sala de la Comandancia de Armas. Gran sorpresa de Villamil, Madrid y Casaca. El Teniente que ha traído al reo se detiene un poco con el deseo de escuchar. Pero bajo la mirada feroz de los presos, se retira silbando.

LOS TRES *(A una)*. ¿Usted también general...?
MARÍN *(Colérico)*. ¿Nos ha llevado el diablo...!
VILLAMIL. ¿Dónde te capturaron?
MARÍN. ¡En mi hacienda!
MADRID. Qué desgracia tan grande...
CASACA. Lo dije, que en su hacienda lo iban a coger, y no de huida o en preparativos para huir…

Madrid y Villamil ven con reproche humillado a Casaca.

MADRID. ¿Lo maltrataron en la captura...?
MARÍN. No, porque el jefe, general Julián López, es amigo mío, y aunque llevaba instrucciones extremas, no hizo uso de ellas.
VILLAMIL. Si te revelas, te mata...
MARÍN. Naturalmente que sí. Pero en el momento de la captura no estaba en condiciones de hacerlo. *(Consternación en todos)*. La captura mía en sí carece de importancia... *(Los oyentes mueven la cabeza)*. Lo importante es que me descubrieron el depósito de armas... *(Los tres se asustan. Casaca deja escapar un aullido. Madrid da unos pasos y regresa. Villamil queda como petrificado)*. 200 remingtons y 20.000 cartuchos… *(Los tres reos buscan dónde sentarse y se sientan)*. El asunto es grave... *(Baja la cabeza)*.
VILLAMIL. ¿Cómo hallaron las armas?
MARÍN. Hubo traición...
MADRID. ¿Traición de quién...?
MARÍN. Del celador que las cuidaba...

VILLAMIL. Algún hombre de los Llanos...

MARÍN. No, es originario de Opoteca... *(Los tres oyentes se vuelven a ver, y hacen ruido con los pies).* Hace más de un año llegó Pedro, así se llama, a pedirme trabajo. Me rogó que se lo diera porque se había robado una menor de nombre Pastora y lo perseguían... *(Hace memoria).* Lo fui tratando, me inspiró confianza y llegue al punto de confiarle el cuido de las armas escondidas en la montaña. Lo iba a ver frecuentemente, y siempre lo hallaba leal conmigo, acompañado de su mujercita... *(Se agita. Busca una silla. Se sienta).* Pero me amoló... Y eso es todo.

MADRID. Pues los opotecas andan por todos lados, general. Usted tenía a un Pedro y a una Pastora...Casaca también tenía su Jacinto y su Fidelia, naturales de Opoteca...

MARÍN *(Sorprendido).* ¿De veras, Daniel?

CASACA. Cierto, general. Y son tan amorosos, que hasta vinieron a dejarme un regalo.

MADRID. Una botella de aguardiente...

MARÍN. Aumenta la sospecha y da lugar a las cavilaciones...

VILLAMIL. Podría jurar que ese Teniente, hijo de su madre, es opoteca...

MARÍN. Si es así, considero que el coronel Manuel Bonilla, Comandante de Armas de Comayagua, ha llenado de opotecas los Llanos de Santa Rosa.

MADRID. ¡Malhayan sus opotecas...!

VILLAMIL. No nos iremos a la tumba sin desenredar este enredo...

CASACA. Está muy claro... ¿De dónde es Manuel Bonilla...?

MADRID. Tienes razón Daniel... ¿De dónde son sus opotecas...?

VILLAMIL. Exacto... ¿Y quién es el jefe de la conspiración?

MARÍN *(Sentencioso).* ¡Olancho se venga...!

CASACA. Sí, pero que lo haga con los culpables... no con nosotros...

MADRID. Nos alcanza el ramalazo por andar con el culpable...

VILLAMIL. Y aceptémoslo porque somos amigos del general Medina...

MARÍN. A lo hecho pecho.

Guardan un largo silencio reflexivo, lleno de temores por ignorar hacia dónde ruedan los acontecimientos.

ESCENA V

El Capitán General José María Medina entra en la sala espaciosa de la Comandancia de Armas, rodeado de un grupo de jefes militares. Medina da la mano a los milites, y éstos juntan los talones para despedirse. Indescriptible sorpresa en los compañeros de conspiración del General Medina.

GENERAL MEDINA *(En el momento de dar la mano a los jefes militares).* Les estoy agradecido por las consideraciones que han tenido conmigo.

CORO DE MILITARES. Sabemos tratar a quien ha si-do varias veces Presidente de la República.

GENERAL MEDINA. Cuando Céleo Arias me tuvo preso varios meses, en Comayagua conocí la tardanza de los procesos. Así es que creo que aquí me pasará lo mismo.

CORO DE MILITARES. Tal vez no, general.

GENERAL MEDINA. Ustedes lo dicen, pero yo supongo lo contrario. Tengo que hacerles una súplica.

CORO DE MILITARES. En lo posible, será atendida, general.

GENERAL MEDINA. Que me den la impresión de estar libre. Ustedes ya conocen mis costumbres.

CORO DE MILITARES. Le daremos la impresión que usted quiere y sus deseos personales serán atendidos.

GENERAL MEDINA. Muchas gracias... Buena suerte...

CORO DE MILITARES. A sus órdenes... *(Dan vuelta y se van).*

El general Medina avanza sobre sus compañeros que lo esperan de pie. Se dan las manos. Casaca se sale del grupo. Va a su esquina y regresa con la bótela de aguardiente y el vaso.

CASACA *(Alegre).* A los huéspedes se les obsequia....

GENERAL MEDINA. ¿Y este "confisgado" tiene sacadera en la cárcel?

MADRID. Tiene unos opotecas que son la mar de atentos.

GENERAL MEDINA. No entiendo...

VILLAMIL. Son unos mozos de su casa.

GENERAL MEDINA. Buenos mozos.

GENERAL MARÍN. Malrayo los parta...

GENERAL MEDINA. ¿Cómo así...?

MEDINA llena el vaso y lo apura. Se limpia con la manga. Busca y se sienta. Pone vaso y botella en el piso.

GENERAL MEDINA. Sentémonos y conversemos sin preocupación alguna... *(Todos se sientan)*. Tranquilo estaba en mi hacienda de El Rosario, cuando llegó al peso de la media noche el oficial Juan Vicente Martínez Aybar acompañado de cincuenta hombres bien armados, con un pliego del general Emilio Delgado en el que me decía que me trasladara a Santa Rosa en el término de la distancia. *(Pausa)*. Al principio creí que podía venir solo por ser una citación el pliego, y así le dije a Aybar. Pero éste se sujetaba a instrucciones secretas, me trajo preso por cordillera, durmiendo en la cárcel de Gracias. *(Pausa)*. Existe un peligro grave. Aybar me pidió las llaves de los armarios y los cofres y se trajo toda la correspondencia. En ella tengo cartas privadas de Barrios y de Zaldívar... *(Pausa)*. ¿Han sabido algo de Corta-Cabezas?

GENERAL MARÍN. Ya está en acción... Levanta los pueblos ide la Sierra... Como le fallamos, lo van a aniquilar...

GENERAL MEDINA. Ese anda rezando para su demonio. ¿Y los curas qué dicen? ¿Se van a quedar diciendo misas? ¿Acaso el Obispo de Comayagua es ajeno a la conspiración? ¿No es así, Daniel, tú que eres tan amigo de él...?

CASACA. General, con pena debo decirle que antes hacían la "guerra de los padres" y tomaban el fusil, pero ahora han cambiado de modo. Llegan con las palmas y el agua bendita hasta que ven garantizado el triunfo. Creo que nos van a dejar solos...

GENERAL MEDINA *(A Madrid)*. ¿Y los profesionales qué actitud han tomado?

MADRID. La de dejar hacer y dejar pasar. Las liebres huyen a vistas de la jauría.

GENERAL MEDINA. Más que todo son acomodaticios. Si estuvieron conmigo ayer, hoy deben estar con Soto. Los conozco. Son unos desvergonzados... *(Se dirige a Villamil)*. ¿Y tú que dices de los agricultores y los ganaderos, Rafael?

VILLAMIL. Respondo de ellos. Le temen a la Reforma. Y más cuando el Gobierno está proyectando nuevas leyes de aniquilamiento... *(Plantea la cuestión con parsimonia)*. El caso es el siguiente: Los viejos ricos que le dieron base a su gobierno, están viendo la multiplicación de los nuevos ricos de la Reforma que les hacen la competencia y tienen en sus manos el Poder. *(Piensa)*. Pero los nuevos ricos no tienen la solidez ni la maña de los viejos ricos. De modo que las de ganar está de parte de los viejos ricos, ellos lo saben y así se explica su adhesión al medinismo...

GENERAL MEDINA. ¿Y el pueblo, Ezequiel...?

GENERAL MARÍN. No nos engañemos, José María, el pueblo está con la Reforma. Recibe mendrugos, pero está con ella. Tú lo cargaste de impuestos del Estado y de sobreimpuestos eclesiásticos. La Reforma separa el Estado de la Iglesia, y le quita al pueblo los diezmos y las primicias.

GENERAL MEDINA. Y nuestros aliados, ¿qué hacen? Yo mismo contesto. Son ellos los que nos tienen aquí. Barrios, quien ya debía estar con un ejército a las puertas de Santa Rosa para librarnos... ¡Y el pícaro de Zaldívar que hace lo de las putas que duermen con el marido y luego con el amante...! *(Baja las manos, recoge la botella y el vaso, vierte el aguardiente y bebe. Vuelve a dejar en el piso vaso y botella)*.

Todo esto es un drama...

GENERAL MARÍN. Con fusilamientos...

El Teniente de la custodia y varios soldados traen una mesa grande, bandejas de comida, botellas y vasos.

TENIENTE. General Medina, los jefes mandan esto...

GENERAL MEDINA. Diga a los jefes que les agradezco sus atenciones.

Sientan la mesa y colocan las bandejas y los demás. En seguida se retiran el Teniente y los soldados.

MADRID. *(Al Teniente, que gana la puerta)*. Oiga Teniente, de qué pueblo es usted?
TENIENTE. *(Se detiene y vuelve el cuerpo)*. De Opoteca...

Ríen todos los presos, menos el general Medina. El Teniente que se siente cogido, sonríe y se va.

MADRID. Ya le vamos a contar el cuento de los opotecas, general...,

Arriman las sillas a la mesa y se sientan.

ACTO II: FUNCIONA EN SANTA ROSA EL CONSEJO DE GUERRA DE OFICIALES GENERALES

SEGUNDA PARTE

ESCENA I

Altas horas de la noche. Reunido el Consejo de Oficiales Generales. Presentes el general de brigada Eusebio Toro y Inés Bográn y los coroneles efectivos Inocente Solís, Belisario Villela, Manuel Bonilla y Antonio Cerro.

Deliberan a puerta cerrada y los altos jefes se muestran agitados.

GENERAL TORO *(Se acerca nervioso a la mesa, toma un infolio y acciona con él en la mano).* ¡Aquí está el proceso! ¡Hecho en un lugar distinto al lugar en que se pretendía cometer el delito! ¡Hecho en Tegucigalpa, no en Santa Rosa! *(Se entiende).* Es cierto que los reos declararon ante los oficios del Comandante de Armas, general Delgado! ¡Pero los testigos de cargo lo hicieron ante el Secretario de la Comandancia General de la República en la capital! ¡Y ni siquiera hubo la congruencia de llevarlos a Tegucigalpa para que declararan, pues sus declaraciones fueron tomadas por las autoridades de distintos lugares del país, a saber, en qué condiciones, para lograr el objeto perseguido! ¡Cito concretamente el caso de un testigo que declaró en Yoro, cuya declaración se encuentra en este expediente! *(Lo agita con energía).*

GENERAL TORO. Encima de lo dicho, señores Oficiales Generales, este proceso es atentatorio a la Constitución Política, por cuanto prohibiendo para este caso la pena de muerte, ¡aquí los condena a la pena capital! Por consiguiente es nulo y de ningún valor! ¡Vale en estos momentos como simple papel, pero no como documento público! *(Se detiene por segundos para observar a sus colegas, los cuales están escuchando con la cabeza inclinada).*

GENERAL TORO. ¡Además, el procedimiento es vicioso, por cuanto se somete al fuero de guerra a unos cuantos civiles y unos pocos militares que no están de alta! ¡Les pregunto a ustedes, y sírvanse contestarme con la mano puesta en el corazón! ¿Está de alta el Capitán General José María Medina? ¿Está de alta el General de Brigada Ezequiel Marín? ¡No! ¡No están de alta! ¿Pues si no están de alta, a qué viene el absurdo de tomarlos como si lo estuvieran y someterlos a las Ordenanzas Militares? ¿Y nosotros, presuntos conocedores de la Constitución y de las leyes, como si en un momento hubiéramos perdido el juicio, vamos a tomar por verdad la mentira que contiene este disparate? *(Arroja con desprecio el expediente a la mesa).* ¡Lo más grave es que en esa infamia escrita *(señala el proceso con vilipendio),* se condena a la pena capital a unos hombres que pensaban en su fuero interno tomar el cuartel de Santa Rosa...!

Lo interrumpe el general Delgado.

GENERAL DELGADO *(Rápido).* El indio Calixto Vásquez se ha levantado en la Sierra y como de costumbre ya está cortando cabezas... ¡No lo olvide, general Toro...!

GENERAL TORO *(Con energía).* ¡No lo olvido, general Delgado...! ¡Y tampoco olvido que aquí en Santa Rosa no ha habido ninguna novedad, porque el mando militar sigue en sus manos y el cuartel de esta ciudad está bajo el santo y seña que le ha dado usted esta noche...! *(Toma aliento, sarcástico).* ¡Ahora, si los reos que están en la sala de banderas intentaron tomar el cuartel de Santa Rosa con suspiros y no con balas, y los suspiros tienen tanto efecto como las balas... *(Sonrisas de Solís, Villela y Cerro),* entonces, demos por cierto el contenido del proceso, y el general Medina y sus compañeros, deben ser pasados por las armas...! *(Se detiene).* Hasta donde llegamos, señores jefes, hasta el punto de hacer chistes del

Gobierno, chiste que, por ser nosotros parte del tal Gobierno, se vuelven contra nuestras personas... *(Descansa)*. Señores Oficiales: Con las razones expuestas objeto el proceso que ha venido hecho de Tegucigalpa, sólo para firmarlo y ejecutarlo. Rechazo la intención abusiva de la Comandancia General de la República de tomarme de vil instrumento para sus designios. ¡Excito a mis amigos y compañeros a tomar la resolución unánime de devolver ese expediente a la capital con una nota en que se diga que es violatorio de la Constitución y es ofensivo para nuestra dignidad de hombres y de militares que saben respetar el uniforme que visten y los galones que ostentan! *(Toma aliento)*. ¡Personalmente, no me considero verdugo ni asesino! *(Se sienta)*.

Hay un largo silencio en la sala.

GENERAL DELGADO. *(Levantando la cabeza)*. ¡Algún otro desea hablar? ¿El coronel Solís? ¡Tiene la palabra el coronel Solís!

CORONEL SOLÍS *(Se levanta)*. Las razones expresadas por el general Toro son de peso. Las diligencias se iniciaron en Santa Rosa, pero se siguieron en Tegucigalpa con las anomalías señaladas. Con testigos que declararon en distintos lugares de la República, y cuyas declaraciones se sumaron al expediente. Los reos no presentaron prueba de descargo ni han nombrado defensores. El general Medina, ofuscado como se encuentra, nombró defensor al mismo individuo que fue a capturarlo a su hacienda, me refiero a Vicente Martínez Aybar. Y el licenciado Carlos Madrid, con la suficiente capacidad profesional en Derecho, por estar incluido en el proceso, no están en condiciones de hacer su defensa propia y la de sus compañeros... *(Descansa)*. En la Constitución está abolida la pena de muerte para los delitos políticos... Además, los militares del proceso no están en servicio... Los otros reos son civiles... Esto ya lo dijo el general Toro... *(Toma aliento)*. Lo particular que voy a decir yo es lo siguiente: Este Consejo de Guerra no se explica ni justifica...Lo voy a decir con palabras de cuartel... Los que mandan en Tegucigalpa nos están tomando el pelo, creyendo que somos babosos...La jurisdicción de este caso es de los tribunales comunes... Es todo... *(Se sienta)*.

Alza la mano el coronel Villela.

GENERAL DELGADO. ¡Tiene la palabra el Coronel Villela!

CORONEL VILLELA. *(Se levanta, sonriente)*. Está bien la expresión del coronel Solís... En Tegucigalpa creen que somos babosos... Y en verdad que lo somos, porque todos vamos a firmar la sentencia, incluido el general Toro, ya que nosotros sí somos militares de alta, sujetos a la Ordenanza militar y a la obediencia que allí se establece... No así Medina y Marín que están de baja... *(Toma aliento)*. Para mí, *(se pone la mano extendida en el pecho)* en lo personal los conspiradores del proceso dan risa... Daniel Casaca, un rezador que solo le falta la sotana... Carlos Madrid, una rata de juzgado, que de repente, buscando queso, se metió en el lío... Rafael Villamil, un comerciante en tabaco, más buscador de comodidades que de peligros... Ezequiel Marín... *(Se dirige al general Delgado con vivacidad)*, líbrese de que vayan a decir que por rencillas personales lo manda al otro mundo...

Lo interrumpe el general Delgado.

GENERAL DELGADO. *(Rápido)*. Fuimos amigos, tuvimos algunas diferencias... después reanudamos nuestra vieja amistad... si pudiera salvarlo, lo salvaría...

CORONEL VILLELA. *(Sonriente)*. En Santa Rosa se sigue creyendo en la enemistad suya con él... *(Descansa)*. Sigo con mi tema... José María Medina... Si de Medina solo ha quedado el vozarrón y la botella de aguardiente... Por añadidura, enfermo... Es público que Barrios, Zaldívar y el propio Soto estaban pensando en mandarlo a Europa para que se curara... Matar a Medina es matar a un muerto... Y no digo más por ahora... *(Se sienta)*.

Tocan la puerta. Se levanta el general Delgado y va a abrirla.

ESCENA II

Entra el licenciado Justo Cálix, Auditor de Guerra. Cierra la puerta. Saluda a los Oficiales Generales con una inclinación Extrae de la bolsa unos papeles que le entrega al coronel Antonio Cerro, Secretario del Consejo.

LICENCIADO CÁLIX. *(Con aire triunfal)*. Acabo de recibir esos papeles de manos de unos correos que tienen relación con los hechos, y de los cuales se desprende que el señor Presidente de Guatemala, General Justo Rufino Barrios, actuaba de común acuerdo con el general José María Medina para derribar al señor Presidente de la República, doctor Marco Aurelio Soto... *(Descansa)*. Ustedes dirán si toman conocimiento de ellos... (Se sienta).

GENERAL DELGADO. *(Al Coronel Cerro)*. Lea, coronel Cerro, los papeles que trae el licenciado Justo Cálix...

El Coronel Cerro se levanta y lee.

CORONEL CERRO. "Guatemala, enero 15 de 1878. Señor doctor don Marco Aurelio Soto. Esta tarde recibí su telegrama en que me participa el aparecimiento, en territorio de la República, de una facción encabezada por el indio Vázquez. *(Se detiene)*. Vásquez es enemigo de Medina, no podía estar de acuerdo con él en la conspiración última, y por consecuencia tampoco pueden venirle de allí los elementos con que ahora aparece de improviso..."

GENERAL DELGADO. *(Interrumpe al coronel Cerro)*. Un momento coronel Cerro... Vásquez es enemigo de Medina, dice el Presidente Barrios en su afán de borrar la unidad del movimiento bárbaro y de salvar a Medina... *(Pausa)*. Siga leyendo, coronel...

CORONEL CERRO. *(Continúa la lectura)*. "Vásquez, asilado en El Salvador, y sin relaciones con los conspiradores de Honduras, no podía proporcionarse elementos por sí solo; no cabe la menor duda que Barahona era el único que podía proporcionárselos, y éste solamente pudo conseguirlos de Zaldívar". *(Se detiene)*. Es lo más importante. La firma es de Justo Rufino...

GENERAL DELGADO. *(De prisa, con irritación)*. Eso es... como el pájaro de Justo Rufino está en la jaula, Medina es ajeno a la sublevación de la montaña... y como el indio Vázquez está en armas, la responsabilidad es del Presidente Zaldívar, de El Salvador, por medio del general Barahona... *(Pausa)*. Pues Medina y el indio Vázquez se pusieron de acuerdo el día de Santa Rosa en casa de Daniel Casaca...Justo Rufino no puede objetar la unidad del movimiento... *(Se detiene)*.

GENERAL BOGRÁN. *(Sarcástico)*. Si así va el general Barrios, Medina no tenía ninguna relación con el general Marín, depositario de las armas que le habían venido de Guatemala...

GENERAL DELGADO. *(Con vivacidad, sintiéndose apoyado)*. Eso es, general Bográn... solo le faltó decir eso a Barrios... y, sin embargo, Marín, el indio Vásquez y Medina son una misma cosa...

Agitación en la sala.

GENERL DELGADO. ¡Pase al otro documento, Coronel Cerro...!

CORONEL CERRO. *(Leyendo)*. "Guatemala, diciembre 31 de 1877. Señor general don José María Medina. Estimado amigo: He recibido su apreciable del 24 que firma, en que me comunica haber sido preso a su regreso de Chiquimula. Creo que no vale la pena lo que ha pasado y espero que pronto se arreglará todo de una manera satisfactoria. Ya escribo al señor Presidente Soto recomendándoselo. Sin otra cosa por ahora, quedo de usted afectísimo y seguro servidor. Justo Rufino Barrios". Hay una postdata que dice: "Tengo mucha confianza en que Soto, con la prudencia que le caracteriza, lo arreglará todo partiendo siempre de que usted ha sido un amigo para nosotros. Enrique, hermano de Soto, también le escribe recomendándoselo. Barrios".

GENERAL DELGADO. *(Filosófico)*. La postdata es un recordatorio del año 76. Efectivamente, en aquel tiempo Medina facilitó el arribo a Soto a la Presidencia de Honduras, y así complació a Barrios... La amistad de los tres en aquel tiempo fue evidente... *(Se detiene)*. Pero los tiempos se han modificado... Hoy Barrios utiliza a Medina para botar a Soto...

GENERAL BOGRÁN. *(Sarcástico)*. Para hacer la unión de Centro América...

GENERAL DELGADO. *(Alegre)*. Porque Medina es un chapín que en todas las épocas ha hecho política guatemalteca en Honduras.

GENERAL TORO. *(Irritado)*. ¡Esas son nimiedades!¡La política de Honduras siempre ha sido un reflejo de la política que le dictan las potencias extranjeras... El único que se salva es Morazán... Por eso lo asesinaron... ¡Vamos al grano...!

GENERAL BOGRÁN. *(Al general Toro)*. ¡Es que ahora, general Toro, Barrios interviene en la política de Honduras por medio de Medina, ¡y Medina conspira contra el gobierno constituido de Soto...!

CORONEL CERRO. *(Leyendo)*. Hay otra carta de Barrios para doña Mariana Milla que dice: "Guatemala, enero 2 de 1878. Señora doña Mariana de Medina. Estimada señora: Acabo de recibir la apreciable de usted del día 25 de diciembre, en que refiriéndose a la que me dirigió el día anterior, me participa la llegada del general, ya preso. Ayer salió de esta ciudad el expreso que me trajo la primera de usted. Con mi contestación va adjunta la carta que escribí al señor Soto, pidiéndole la libertad del general bajo mi garantía. Por el correo he resuelto escribir al señor Soto, y espero que atenderá mi recomendación. Creo, pues, que el general pronto volverá al lado de usted, ya enteramente tranquilo. Quedo de usted muy atento seguro servidor. Justo Rufino Barrios". *(Pone los papeles en la mesa)*.

GENERAL DELGADO. *(Al licenciado Cálix)*. Hable, licenciado Cálix.

LICENCIADO CÁLIX. Los documentos leídos no favorecen al general Medina ni a los demás reos. Al contrario, agravan su situación. *(Eleva la voz)*. Un Presidente de una República extranjera habla en favor de unos conspiradores contra el orden establecido en el país. El Presidente Barrios por la vía de la amistad solicita clemencia en favor del general Medina. Pero está establecido que el general Medina es agente del Presidente Barrios, como antaño lo fuera del general Carrera, en ese apego que siempre se le ha visto a la política guatemalteca. *(Descansa)*. La verdad es que el Barrios del 71 ya no es el Barrios del 78. El Barrios del 71, cuando se hizo la revolución reformadora, era un hombre de inteligencia abierta y de buena voluntad. No solo barría con las viejas instituciones de su país, sino que ponía hombres con igual espíritu en el resto de Centro América para que hicieran lo mismo... *(Se detiene)*. En cambio, el Barrios del 78 es un hombre de inteligencia obtusa y de voluntad mezquina. Se traiciona a sí mismo y pretende destruir lo que hiciera al principio de la década... *(Descansa)*.

LICENCIADO CÁLIX. Bien sabía que Medina era un instrumento de Carrera, y apartándolo de la política de Honduras ponía término a los restos del carrerismo en este país. Por eso lo presionó hasta hacerlo disentir de que en vez de su amigo Crescencio Gómez, el Presidente de Honduras fuera el doctor Marco Aurelio Soto...Los pueblos de Honduras estuvieron de acuerdo con aquella decisión de Barrios... *(Descansa)*. Con razón decían los jurisconsultos romanos que la voluntad del hombre es mudable hasta la muerte... Al Barrios reformador del 71, lo substituye el Barrios conservador del 78, pidiendo a sus antiguos amigos liberales la vida y la seguridad del hombre más funesto que ha sufrido la República, como es el general Medina...

¿Olvida Barrios la conducta del general Medina en Omoa en favor de Carrera...?

¿Olvida Barrios la constante alteración pública en que Medina mantuvo a Honduras en las décadas 60 y 70?

¿Olvida Barrios la posible complicidad que tuvo Medina en la muerte del Presidente Guardiola, pues fue él quien corrió desde Santa Rosa, seguido de sus dragones, hasta Comayagua a cerrarles la boca a los Agurcia para que no hablaran?

¿Olvida Barrios las matanzas, los incendios, las ferocidades de Olancho?

¿Olvida Barrios que los empréstitos ingleses del ferrocarril, aparte de los escándalos internacionales, del saqueo de nuestros bosques para pagarlos y de la ficción exclusivos del medinismo, en los que participaron hasta el Obispo de Comayagua y las queridas galantes de los medinistas?

¿Olvida Barrios, en definitiva, que Medina no sirvió los intereses de Honduras sino los de Inglaterra, la señora de los mares...?

Antes, Barrios, sabía esto. ¡Pero hoy lo ha olvidado, porque cegado por sus ambiciones, quiere instrumentos para hacer la unión de Centro América, derecha o tuerta, salga como salga, para llegar a la Presidencia Federal...!

¡En cualquiera circunstancia, yo me pronuncio por el castigo de Medina y de sus cómplices...! *(Se sienta).*

ESCENA III

Entra el general Agustín Aguilar, Fiscal de Guerra.

GENERAL AGUILAR. *(Saluda con una inclinación).* Les pido perdón por haberme tardado... *(Se detiene).* He estado meditando muy seriamente en nuestra responsabilidad sobre la muerte de unos hombres que irán al patíbulo mediante nuestras firmas y rúbricas... *(Se saca un sobre del saco).* Soy el Fiscal de Guerra... represento al Estado en el presente caso... pero no coinciden mi conciencia y los hechos por ciertas cosas que no entiendo... *(Agita el sobre).* La fecha de esta carta que les voy a leer es anterior a la fecha de la sentencia que contiene el proceso... Esta carta es del 31 de diciembre del año pasado, siendo firmada en Tegucigalpa, y la sentencia si mal no recuerdo es del 23 de enero del este año, redactada en Santa Rosa...

Lo interrumpe el general Toro, exaltado.

GENERAL TORO. La verdad, general Aguilar... ¡Es que en concepto del Presidente Soto y de su Secretario Rosa, los que nos reunimos aquí somos unos pendejos...! ¡Nosotros asesinamos a unos compatriotas con las balas, y ellos se lavan las manos con las letras...! *(Termina).*

GENERAL AGUILAR. *(Reflexivo).* Por ahí va la cosa, general... La decisión de imponer la pena capital a unos hondureños no ha sido recogida de los hechos sino del anticipado acuerdo de matarlos... Esto es lo que yo no entiendo. El doctor Rosa me mandó copia de una carta que el Presidente Soto le dirigió a doña Mariana Milla de Medina. Dice:

"Tegucigalpa, diciembre 31 de 1877. Señora doña Mariana de Medina.

Mi distinguida señora. He tenido la honra de recibir su apreciable carta del 25 de los corrientes, en la que me manifiesta que su esposo ha sido puesto en prisión, y que usted extraña que, mediante las relaciones que median entre él y yo, en vez de proceder de esa suerte, no le haya llamado para arreglar con él lo que conviniera. *(Se detiene)*.

Siento profundamente los sentimientos de usted; si el deber no me obligase, jamás habría dado yo a usted el más ligero disgusto, porque conozco los altos méritos de usted y porque sé que sus virtudes le hacen acreedora a las consideraciones de todo el mundo. *(Se detiene)*.

Pero justos y poderosos motivos me han impedido a proceder en contrario a los sentimientos de mi corazón. Si solo de mi persona y del puesto que ocupo se tratara, nada me importaría; pero se trata de una revolución, como si no estuvieran los hondureños hartos ya de desgracia, de sangre y de crímenes; se trata de las consecuencias de una revolución que serían, sin duda, la ruina de nuestra patria, la desdicha de centenares de viudas y de huérfanos, que quedarían llorando en la miseria. *(Se detiene)*.

Acompaño a usted impresas dos de las declaraciones que se han publicado; usted que sabe las consideraciones de amistad que he prodigado a su esposo, juzgará quien ha faltado a la amistad y a la gratitud y al patriotismo. *(Se detiene)*.

Yo nada tengo que hacer; la ley y la justicia juzgarán a los culpables". *(Se detiene)*.

Compañeros de armas: los párrafos siguientes de esta carta *(la agita)*, me hacen sospechar que el Presidente Soto, con mucha anticipación, había pensado en dar muerte a los reos...!

GENERAL TORO. *(Con violencia)*. ¡Deje la palabra sospecha, que no es exacta...! ¡Emplee la palabra certidumbre, que es la conveniente...! ¡Recuerde que los generales Delgado y Bográn, a su regreso de Tegucigalpa, nos contaron con mucho regocijo a usted y a mí que había habido una actuación teatral en que unos personajes que representaban a Soto y Rosa daban muerte a otro que representaba a Medina si! *(Se vuelve hacia los generales Delgado y Bográn)*. ¿Es cierto, general Delgado, es cierto, general Bográn, que a su regreso de Tegucigalpa, nos trajeron esa nueva...?

Delgado y Bográn mueven la cabeza afirmativamente.

GENERAL TORO. ¡No cabe la menor duda que es cierto...!

GENERAL DELGADO. ¡Se trata de una versificación sobre algo que había escrito el doctor Rosa en el año 70 en relación con las cosas de Olancho...!

GENERAL BOGRÁN ¡A lo escrito por el doctor Rosa, el versificador agregó mucha gracia, los actores se lucieron...!

GENERAL TORO. Se preparaba la opinión popular para esto, porque luego Medina y compañeros fueron apresados por el general Delgado, ¡y nosotros convocados y reunidos para la pantomima de este Consejo de Guerra...! *(Se dirige al general Aguilar).* Perdone, general Aguilar las interrupciones... Le ruego seguir leyendo la carta del doctor Soto para doña Mariana..

GENERAL AGUILAR. *(Leyendo).* "Señora: cuando usted pueda sobreponerse al dolor de su alma y vea las consideraciones que debe tener en mira todo aquel que, como yo, está por desgracia en un puesto que hasta el sacrificio de los más dulces sentimientos que forman las delicias del corazón; cuando usted, como hondureña, fije la vista en el cuadro de nuestra horrible historia, y contemple la serie de revoluciones que han llenado de horror y de infamia el nombre de nuestra patria, entonces me hará justicia; pero nunca podrá valorar la amargura que siento al ocultar los ímpetus generosos de mi corazón y al violentarlos para cumplir con mi deber y con sagrados juramentos". *(Se detiene).*

GENERAL AGUILAR. "Señora: El Todopoderoso, que vela por sus criaturas, nunca niega sus consuelos a almas virtuosas como la suya, cualquiera que sea la desgracia en que se encuentren: yo ruego a Dios dé a usted aliento y la energía que necesita para sobrellevar sus penas". *(Se detiene).* Después, párrafos sin importancia y la firma de Marco Aurelio Soto.

Todos guardan un silencio largo.

GENERAL DELGADO. *(Solemne).* Señores Oficiales Generales: como militares de alta que somos todos estamos sujetos a la disciplina y la obediencia. Así es que todos vamos a firmar la sentencia... *(Se detiene)*. En pliego aparte vamos a anotar las objeciones que todos y cada uno tengamos acerca de los hechos y la forma del proceso... *(Se detiene)*. Lo haremos así porque, lo digo como Presidente del Consejo de Guerra, para nosotros la sentencia es intangible... *(Se detiene)*. Levanten la mano los que estén de acuerdo... *(Pausa)*.

La mayoría la levanta. Se dirige al coronel Cerro.

GENERAL DELGADO. Coronel Cerro, sírvase tomar pluma y papel y anotar las objeciones que hagamos todos y cada uno…

El coronel Cerro se sienta en el extremo de la mesa y se dispone a escribir.

CORONEL CERRO. *(Al general Delgado)*. Listo, general Delgado...

GENERAL DELGADO. Sírvase decir su objeción a la sentencia, general Bográn ...

GENERAL BOGRAN. *(Solemne)*. ¡Digo que en esta decisión y en este proceso hay una razón de Estado...! ¡Las más altas conveniencias nacionales dictan la razón de Estado...! ¡Y el único responsable de la razón de Estado ante la Nación y ante la historia, con exclusión de cualquier otro, es el Jefe de Estado...! *(Pausa)*. ¡Es lo que tengo que decir al respecto...!

GENERAL DELGADO. *(Al General Toro)*. Su objeción, general Toro...

GENERAL TORO. *(Hosco)*. ¡Pido que se devuelva el proceso a Tegucigalpa, sin ninguna firma, para que se considere allá la conveniencia de respetar la Constitución y la Ordenanza militar...! ¡Es todo...!

GENERAL DELGADO. *(Al coronel Solís)*. La suya, coronel Solís...

CORONEL SOLIS. *(Nervioso)*. ¡Firmaré por disciplina militar...! ¡Pero declaro la incompetencia de este Consejo de Guerra para enjuiciar a unos hombres que deben ser sometidos a los tribunales comunes...! *(Se inclina)*.

GENERAL DELGADO. *(Al coronel Villela)*. La suya, coronel Villela...

CORONEL VILLELA. *(Rápido)*. ¡Díganles que estudien Derecho, porque si lo han estudiado, no parece...! ¡Que consulten a los jurisconsultos de Tegucigalpa, para que hagan bien las cosas!

GENERAL DELGADO. *(Al coronel Bonilla)*. Coronel Manuel Bonilla, usted ha guardado silencio a lo largo de la sesión... externe ahora su objeción...

CORONEL BONILLA. (Se levanta). Tengo por costumbre oír las opiniones de todos, hacer el balance de ellas, y decidirme por las que considero mejor... (Arrogante). ¡Para mí, en parte la más acertada ha sido la del Licenciado Cálix, en razón de que destaca en ella a Medina como un malhechor público, que eso es en verdad...! ¡Nosotros, los olanchanos, tenemos sobrados motivos para calificarlo así, porque nos ha inferido una herida que en los relatos históricos lleva el nombre de "ahorcancina" ...! (Descansa).

¡Yo fui soldado en aquellos años, bajo el mando de los militares Antúnez y Zavala, que no eran bandidos como se ha propalado en los papeles oficiales. . .! ¡Fui testigo de vista de aquellos hechos vandálicos en los que el monstruo Medina y sus verdugos llegaron a ahorcar hasta niños y ancianos que pedían de rodillas, con lágrimas en los ojos, que antes los fusilaran a ser colgados con bejucos de las ramas de los árboles...! ¡A la justicia que se le pidió a Medina de que suspendiera los tributos eclesiásticos y otras cargas insostenibles, contestó con la brutalidad, el asesinato, el incendio y el terror...! Recuerdo un párrafo del manifiesto del criminal cuando se encaminaba a Olancho: "¡Las leyes de la guerra son terribles, y las cumpliré porque puedo y sé cómo cumplirlas"…!(Descansa).

Señores Oficiales Generales: El hecho señalado es bastante para pasar por las armas al delincuente Medina, que no se ha ensañado en una, en cinco, en diez personas, ¡sino en millares de componentes de una región de Honduras...!;Ha cometido lo que se llama abuso de Poder, ¡y la acción criminal no ha prescrito...! Cuando el general Bográn habla de la razón de Estado, de la cual es depositario el Presidente Soto, ¡una de las más altas conveniencias nacionales es la de castigar con la pena capital a ese malhechor público que está en la sala de banderas...! ¡Y es tanto más apremiante el caso cuando que, asistido por el Presidente Barrios, conspira, instiga, traiciona y se arma para regresar al Poder, del que se vale no para hacer justicia sino para cimentar la barbarie...! (Se detiene).

¡Y advierto que, si este Consejo de Guerra es tan débil y cobarde que se inclina a la libertad del malhechor, entonces, nadie podría responder de que se ejerciera contra él, de iniciativa del pueblo, la acción popular, para castigar su delincuencia...! (Se sienta).

GENERAL DELGADO. *(Al Auditor de Guerra)*. Licenciado Cálix...

LICENCIADO CÁLIX. *(Desde su asiento)*. ¡No hago ninguna objeción a lo hecho...! ¡Y pienso que han tenido razón en Tegucigalpa para mandar redactadas las cosas porque pensaron en que aquí se le daría la libertad a Medina...! *(Se inclina en señal de que ha terminado)*.

GENERAL DELGADO. *(Al Fiscal de Guerra)*. General Aguilar...

GENERAL AGUILAR. *(Sombrío)*. ¡No hago ninguna objeción…!

GENERAL DELGADO. *(Al Secretario del Consejo de Guerra)*. Coronel Cerro...

CORONEL CERRO. *(Levantándose y dirigiendo una mirada penetrante y lejana)*. ¡No hago ninguna objeción...!¡Todos somos juguetes del destino...! *(Se sienta)*.

GENERAL DELGADO. *(Al Coronel Cerro)*. Ahora, coronel Cerro anote mi parecer... ¡Razón de Estado...! ¡Nada más...! *(Se dirige a sus colegas)*. Hay mayoría y minoría... ¡Y la minoría se somete a la mayoría... Procedemos todos a firmar la sentencia...!

Se levantan y se mueven los miembros del Consejo de Guerra.

ESCENA IV

GENERAL DELGADO. *(Escuchando con atención)*. ¿Cómo interpretan esos dobles....?

GENERAL BOGRÁN. *(Escuchando)*. Los curas presienten que hemos firmado la sentencia de muerte...

GENERAL TORO. *(Seguro)*. Sin presentimientos, lo saben a plenitud, porque conocen la animosidad del Gobierno contra el general Medina...

GENERAL AGUILAR. *(Temeroso)*. La Iglesia está de duelo... Medina era su político en el país... como Carrera lo era en Guatemala.... No sería extraño que después de ser fusilado Medina, fuéramos excomulgados todos los miembros del Consejo de Guerra...

LICENCIADO CÁLIX. *(Despreciativo)*. A los lectores de Voltaire no nos afectan las excomuniones... Pero sí a la Iglesia porque encima de que perderá los diezmos y las primicias y de que serían laicados los bienes de las cofradías, puede sufrir otras desgracias...

CORONEL SOLÍS. *(Sarcástico)*. No se haga ilusiones, licenciado... la llamada Reforma solo es un nombre pomposo.... carece del radicalismo de Guatemala... no es como allá... aquí ha entrado en componendas con la Iglesia...

CORONEL VILLELA. *(Sonriente)*. Es cierto, coronel Solís... Ya verá que el Gobierno cuando haya abolido los diezmos y primicias y laicado las cofradías, la subvencionará con grandes cantidades de pesos... y no hay acto de alguna significación que no lo celebre con misas... Solo basta leer la Gaceta para darse cuenta de ello... *(Se dirige al coronel Bonilla)*. ¿Qué dice usted, coronel Bonilla?

CORONEL BONILLA. *(Irónico)*. En concreto, tal vez fuera una consigna para arrebatarnos los reos...

CORONEL CERRO. *(Confiado)*. Hay una verdadera muralla de fusiles en torno del edificio... Adentro, con permiso del general

Delgado, solo está doña Mariana Milla acompañando a su esposo el general Medina.

CORONEL SOLÍS. *(Sarcástico).* ¡Coronel Cerro, qué sería de su muralla de fusiles en torno del edificio, si oyera el grito: ¡Viva Corta-Cabezas...!

CORONEL BONILLA. *(Sonriente).* Se mantendría la muralla, coronel Solís, porque de Comayagua traje doscientos opotecas que están listos para responder a una sorpresa...

VARIOS OFICIALES GENERALES. *(Dispuestos a reír).* Como se llaman hoy los olanchanos... Se llaman opotecas...

CORONEL BONILLA. *(Riendo).* Es por mis relaciones con las milicias de Comayagua...

Nuevos dobles de campanas todavía más consternados. El general Delgado va a la puerta, la abre de par en par, y habla con alguien. Regresa y toma asiento.

GENERAL DELGADO. *(Ordenando).* ¡Señores, ya vienen los reos....! ¡Sírvanse tomar los asientos que les corresponden...!

Todos se mueven para tomar sus asientos. Entran el capitán general José María Medina, el general de Brigada Ezequiel Marín, don Rafael Villamil, coronel Servando Medina, capitán Roque Rosales, capitán Anselmo Moya, teniente Israel Álvarez, don José María Espinoza, sargento primero Juan Rivera, licenciado Carlos Madrid, don Ramón Medina, don Daniel Casaca y don Joaquín Villa. La custodia de los reos llega hasta la puerta.

El General Medina muestra su ánimo natural. El general Marín se presenta frio. Los demás militares se ven que hacen esfuerzo por parecer serenos. Casi todos los civiles llegan esperanzados. Daniel Casaca es un muerto vivo; se sienta.

GENERAL MEDINA. *(Con su vozarrón).* ¡Señores venimos por nuestras mañanitas!!

GENERAL MARÍN. *(Al general Medina).* ¡No converses con nuestros verdugos, José María...!

GENERAL DELGADO. *(Al coronel Cerro).* Coronel Cerro, lea con solemnidad y claridad la sentencia que ha dictado este Consejo de Guerra… *(Se dirige a los reos)*. ¡La sentencia irá en consulta a la Comandancia General de la República...! ¡Además, a los reos les asiste el derecho de apelación...! *(Hace un signo al Coronel Cerro)*.

Con más fuerza tocan a muerto las campanas. El coronel Cerro tiene que alzar la voz lo más posible, sin llegar al grito.

CORONEL CERRO. (Leyendo). "En Santa Rosa, a las doce de la noche del día veintitrés de enero de 1878. Habiéndose formado, por el señor general don Agustín Aguilar, Fiscal específico de Guerra, el proceso que contra los reos, capitán general don José María Medina, general de Brigada don Ezequiel Marín, don Rafael Villamil; coronel don Servando Medina, capitanes don Roque Rosales y don Anselmo Moya, teniente don Israel Álvarez y don José María Espinoza, sargento primero Juan Rivera, licenciado don Carlos Madrid, don Ramón Medina, don Daniel Casaca y don Joaquín Villa, sindicados en los delitos de conspiración, instigación, traición y ocultación de armas, en consecuencia de la orden expedida por el comandante general de la República, y héchose por dicho Fiscal, relación de todo lo actuado, al Consejo de Oficiales Generales, celebrado el día de hoy en la sala de la Fiscalía específica, presidido por el señor general don Emilio Delgado, Comandante General de este Departamento y el de Gracias, siendo Jueces los señores general don Eusebio Toro y don Luis Bográn, coroneles efectivos don Inocente Solís, don Belisario Villela, don Manuel Bonilla y don Antonio Cerro, estando presente el señor Auditor de Guerra, licenciado don Justo Cálix; comparecieron en el mencionado Tribunal los referidos reos; oídos sus descargos en las defensas de los procurados, todo examinado, en nombre de la República de Honduras, les ha condenado y condena el Consejo a la pena de muerte arreglándose al Artículo 26, Tratado 80 de las Ordenanzas del Ejército; no comprometiéndose en esta pena a don Joaquín Villa y a don Ramón Medina, a quienes por unanimidad se les absuelve de todo cargo y responsabilidad. E. Delgado. Eusebio Toro. Luis Bográn. Inocente Solís. Belisario Villela, Manuel Bonilla. Antonio Cerro".

El general Medina, fuera de sí, se arroja como el tigre sobre el general Delgado para extrangularlo, pero no lo alcanza por impedirlo la mesa que está entre los reos y Oficiales Generales.

El general Marín se mantiene impertérrito como si nada hubiera escuchado.

Los militares comprometidos, Servando Medina, Roque Rosales, Anselmo Moya e Israel Álvarez bajan la cabeza hasta pegar el mentón al pecho. El sargento primero Rivera, de raza indígena, no demuestra ninguna alteración.

Villamil se muestra blanco como el papel; Madrid se sienta con una nerviosidad incontrolable; Espinoza tiembla; Casaca solloza.

Joaquín Villa y Ramón Medina se abrazan con alegría.

GENERAL MEDINA. *(Saltando en dirección del general Delgado y dando grandes voces)*. ¡Quiere decir pedazo de Cambrone[1] que te saliste con la tuya mandándome al cementerio...! ¡Antes vas a morir primero bajo mis puños, hijo de puta...! *(Topa con la mesa y la rodea para alcanzar al general Delgado)*.

El general Delgado se para rápido para esperar al general Medina. Los demás miembros del Tribunal se ponen de pie. La custodia de la puerta avanza unos pasos, pero le faltan órdenes para entrar. El general Marín tira con toda su fuerza a Medina y lo arrastra hacia el grupo de reos.

GENERAL MARÍN. *(Gritando)*. ¡Déjalo, José María, que no es hombre...! ¡Míralo de que medios se vale para vengarse de nosotros...! ¡Pero debes tener por seguro que él también morirá como un perro...! *(Marín se aferra a Medina y no lo suelta)*.

---

[1] Se refirió el general Medina al citar a Cambrone no al personaje, jefe de la Guardia imperial de Napoleón en Waterloo, sino a la palabra indecente que dijo al exigirle los ingleses que se rindiera.

GENERAL MEDINA. *(Ahogándose)*. ¡Tengo la fe en Dios que así ha de morir ese vil instrumento de aquella malvada pelota de grasa que se llama Marco Aurelio Soto...!

GENERAL MARÍN. *(Siempre aferrado al general Medina)*. ¡A cuántos de esos desgraciados les quitaste el hambre...!

GENERAL MEDINA. *(Con menos ahogo)*. Si fuera yo el gobernante me estarían lamiendo los zapatos... ¡Y si les dijera ¡Uuchú!² el muerto sería Soto...!

CORONEL BONILLA. *(Con altivez)*. ¡General Medina, exclúyame de su lista porque no le debo favores...! ¡Al contrario, como olanchano, tengo que cobrarle los daños que le hizo usted a Olancho...!

GENERAL MEDINA. *(Con su vozarrón)*. ¡Sí, ya sé que por eso me matan, entre otras cosas, porque impuse en aquella región el orden público...!

CORONEL BONILLA. *(Con la misma altivez)*. El orden público de la Iglesia y de los Vilardebó, de los grandes ganaderos, pero no el orden público del pueblo miserable... Pues sepa, general Medina, que por justicia o por venganza, ¡aquel pueblo que usted atropelló le da ahora su merecido... y lo somete a la pena capital...!

GENERAL MEDINA. *(Con una enigmática sonrisa feroz)*. ¡Je! ¡Parece que el militarcito tiene las ideas de los comuneros de París...! ¡Je!... ¡Ve el orden público por el lado del pueblo que aniquila a las clases poseedoras, en cuenta a mí, que no tengo ni petate para que me envuelvan...!

CORONEL BONILLA. *(Sentencioso)*. ¡Nada de comuneros de París! ¡Sólo el recuerdo de Bernabé Antúnez, de Francisco Zavala, de José María Rosales, de Serapio Romero! ¡Sólo recuerdo del ganado olanchano que tienen en los potreros de El Rosario! ¡Sólo recuerdo, general Medina, de las libras esterlinas de los empréstitos del ferrocarril que guarda en sus arcas particulares!

GENERAL MEDINA. *(Con su vozarrón)*. ¡Mientes, picarito...!

CORONEL BONILLA. *(Rápido)*. Nuevo Atila, cuando usted ha paseado por el Poder... los hombres de su clase no gobiernan, ¡pasean por él... es para dejar ahorcancinas y exacciones

---

² Uchú! es una expresión campesina hondureña con que se empuja a los perros a correr y ladrar sobre su presa.

incalificables... y ahora pretende conquistar el Poder para lo mismo...!

CORONEL CERRO. *(Acalorado)*. ¡Digan los reos si recurren en apelación...!

GENERAL MARÍN. *(Sarcástico)*. ¡Apelación...! ¡No joda, coronel Cerro, por mí llévenos ya al cementerio y nos asesina con el fingimiento de que ha cumplido una sentencia...!

CORONEL CERRO. *(Sin inmutarse)*. ¿Los demás reos, consienten en solicitar el recurso de apelación...?

CORO DE REOS. *(Los que pueden hablar)*. ¡Sí, la solicitamos...!

CORONEL CERRO. *(Tranquilo)*. ¡Así se consigna...!

GENERAL DELGADO. *(Con energía)*. ¡Pueden salir los reos...! ¡Se levanta la audiencia...!

Con energía salen de la sala los generales Medina y Marín. Les siguen agobiados los demás reos. Los absueltos Joaquín Villa y Ramón Medina toman de los brazos a Daniel Casaca y lo conducen.

No ha cesado la quejumbre de las campanas, doblando a muerto.

ESCENA V

Comentan los Oficiales Generales la dolorosa y acalorada escena de la notificación de la sentencia a los reos, cuando aparece y avanza con lentitud doña Mariana Milla de Medina, vestida de negro, alta y pálida y trágica. Los altos jefes se ponen de pie y se sitúan en orden para recibirla con respeto.

CORO DE OFICIALES GENERALES. *(A una).* ¡Doña Mariana!

DOÑA MARIANA. *(Con voz quebrada y honda, con un blanco pañuelo en la diestra).* Sí... la misma... perdonen que haya entrado... ya sé en qué consiste la sentencia de ustedes... *(Largo silencio).* Ellos, los que salieron son la sangre derramada...yo soy el llanto que se vierte sin consuelo... *(Solloza aplicándose el pañuelo al rostro).* Por los que ya luego serán un recuerdo por las que, como yo, no tardarán en ser viudas... y por las criaturas inocentes, por los huérfanos... *(Largo silencio).*

El general Toro se sale del grupo, toma del brazo suavemente a doña Mariana y trata de sentarla. Pero ella, como si estuviera insensible, no atiende el propósito del militar. Entonces, él se aleja de espaldas, volviendo al grupo.

DOÑA MARIANA. No debían haber hecho Esto... es una mala acción... Muchos de ustedes son hombres jóvenes... llevarán esta mancha toda la vida. Algunos de ustedes ascenderán a los más altos destinos, pero cuando más satisfechos se hallen y menos lo esperen se les recordará que mataron por puro antojo a unos hombres en Santa Rosa... *(Largo Silencio).* Dirán, mataron, derramaron sangre sin justicia... y no serán ejemplo de hombres honrados, de ciudadanos rectos, de jueces honorables, porque se mancharon las manos... y ni siquiera supieron ser altivos al defenderse con el escudo de su dignidad ante las confabulaciones de los malvados. *(Largo silencio).*

GENERAL AGUILAR. *(Con voz suave).* Doña Mariana, el doctor Soto le explicó el caso con palabras tiernas del corazón...

DOÑA MARIANA. *(Reprimiendo un sollozo).* Soto es un hombre malo, convénzanse, y los que le rodean y le inspiran... Soto se dice civilizador... Medina, mi esposo, en concepto suyo, es un bárbaro; pues el bárbaro le dio la Presidencia al civilizador... y ahora el civilizador aniquila al bárbaro con procedimientos que no son de la civilización... *(solloza)* sino la barbarie...

GENERAL TORO. *(Enérgico).* Eso lo he dicho yo, y así consta en las objeciones...

DOÑA MARIANA. *(Sin verlo).* Se lo agradezco...

GENERAL BOGRAN. *(Con voz suave).* Señora, existe algo que lleva el nombre de razón de Estado ...

DOÑA MARIANA. *(Sin verlo).* Ya sé lo que es eso: la razón de Estado es la orden secreta de la potencia que domina a las aldeas de Centro América en determinada hora... antes la razón de Estado era la orden de la Reina Victoria transmitida a sus agentes para que cumplieran ciertos hechos nefastos. Hoy la razón de Estado viene del Norte para que produzcan sus mortales consecuencias en estas zonas... *(Levanta con cierta energía la cabeza por primera vez).* ¡Los crímenes de la razón de Estado quedan sin esclarecimiento para siempre... así quedará la muerte de Medina...! *(Vuelve a bajar la cabeza, largo silencio).* Esa razón de Estado de Soto y de ustedes para dejarme viuda, cuando me llega el otoño y necesito la compañía de mi esposo... *(Con sonambulismo).* Qué días los que me esperan y qué trances me amenazan, la soledad, el invierno y la muerte... No debían haber hecho Esto... no hay razón ni justicia...

CORONEL BONILLA. *(Con penosa expresión).* Doña Mariana, también en Olancho hay infinidad de viudas, incontables huérfanos...

DOÑA MARIANA. *(Levanta la frente y lo ve con fijeza).* No se imagina, señor, cuánto luché para que aquello no se hiciera... Después de hecho, no se imagina cuánto he sufrido por aquel horror... *(Solloza).* Sepa usted que al lado de los desdichados de allá, yo he llorado también sentada en una piedra, con la conciencia de una culpable... y he llevado luto, mírelo usted... aun lo llevo... desde entonces no me lo quito... nadie lo ha sabido… pero es por aquello... *(Rompe a llorar desgarradamente).*

Los Oficiales Generales se conmueven, sufren descontrol, y se dirigen hacia doña Mariana para sostenerla y conducirla.

GENERAL TORO. *(Con voz quebrada)*. Doña Mariana, puede caer.... *(La toma de un brazo suavemente)*.

CORONEL SOLÍS. *(Sobreponiéndose)*. Doña Mariana, permítame que la lleve... *(La toma del otro brazo)*.

GENERAL DELGADO. *(Casi gritando, con agotamiento)*. ¡No la toquen...! ¡Somos indignos de tocarla...!

El general Toro y el coronel Solís la dejan y se retiran.

GENERAL BOGRÁN. *(Bajo un golpe nervioso)*. ¡Doña Mariana, déjenos por favor...! ¡Déjenos...!

Doña Mariana da la vuelta y va despacio hacia la puerta. El general Toro y el coronel Solís la siguen a cortos pasos.

TELÓN

ACTO III: CONSULTA AL CONSEJO SUPREMO DE GUERRA

PRIMERA PARTE

ESCENA I

Despacho del Ministerio General de la República. Ramón Rosa, con un pliego en la mano, se pasea. Adolfo Zúñiga descansa en una butaca.

ROSA. *(Detiene el paso).* Todos fueron condenados a muerte, menos dos.

ZÚÑIGA. *(Con ironía).* Medina y Marín...

ROSA. *(Paseándose).* Los absueltos son Joaquín Villa y Ramón Medina.

ZÚÑIGA. *(Viéndose las manos).* Ya recuerdo; no tuvieron ninguna participación en la conjura; hasta fue un error incluirlos. *(Viendo a Rosa).* ¿Quiere decir que la sentencia no sufrió modificaciones?

ROSA. *(Se detiene).* Ninguna.

ZÚÑIGA. ¿Firmó el general Delgado?

ROSA. Desde luego.

ZÚÑIGA. ¿Toro?

ROSA. Por consiguiente.

ZÚÑIGA. ¿Bográn?

ROSA. No podía abstenerse.

ZÚÑIGA. Perdona... ¿Solís y Villela?

ROSA. Firmaron.

ZÚÑIGA. ¿Bonilla?

ROSA. Por su puño firmaron Antúnez, Zavala y Cinchonero.

ZÚÑIGA. *(Suspira).* No te sigo preguntando porque los demás valen un comino.

ROSA. (Inclina la cabeza y la levanta). Acompañaron la sentencia con un pliego de objeciones...

ZÚÑIGA. *(Lleno de curiosidad se levanta rápido).* ¡De veras...! ¿Puedo saber las objeciones?

ROSA. Las leerás... Te adelanto que nuestros hombres, Delgado, Bográn y Bonilla, ratifican el punto de vista del Gobierno. Los demás, con altibajos, piden en el fondo que se reconsidere la sentencia...

ZÚÑIGA. De seguro anda allí la mano del Presidente Barrios...

ROSA. *(Hundido en sus pensamientos).* Firman por disciplina, pero objetan... Algunos con mala crianza son tan miserables que no comprenden que es la Patria la que exige que se le debe poner fin a la vida de Medina... para que no la utilice en su perjuicio Justo Rufino Barrios, un ambicioso desesperado que quiere llegar a su meta de cualquier modo y con cualquiera...

ZUÑIGA. *(Cauteloso).* Por primera vez te oigo hablar así...

ROSA. *(Como si despertara).* Adolfo, me atribuyen talento. Pero yo sé que no llega a mucho, porque hasta hoy comprendo algo de que fui testigo en Guatemala... Siéntate que te voy a contar lo que vi allá...

Ambos personajes se sientan.

ROSA. Justo Rufino, en su afán unionista, convocó a los principales hombres de los Estados dispersos para hablarles de la urgencia de constituir la República Federal. *(Pausa).* No haré cita de todos los que concurrieron. Solo mencionaré los hondureños. Estábamos en la junta, Álvaro Contreras, el león bravío, Céleo Arias, a quien conoces de sobra, Marco Aurelio y yo. *(Pausa).* Después de las expresiones mal coordinadas de Justo Rufino, hicieron uso de la palabra los más ardientes oradores del Istmo. Todos se pronunciaron en favor de la grande idea. Pero a todos nos llamó la atención, y a mí particularmente, el sistemático silencio de don Álvaro, y más cuando estábamos convencidos de que al ilustre compatriota le acompañaba el verbo de Isaías. *(Pausa).* Fuera de las cortesías, entró mudo, se mantuvo y salió mudo de la junta. *(Pausa).* Justo Rufino estimó que lo había despreciado, y así lo entendimos nosotros. *(Pausa).* Hoy caigo en que don Álvaro, con más experiencia entonces que la mía, tuvo la suficiente capacidad para comprender y medir al nuevo paladín de la unión, que no es ningún Morazán, y así decretó en su fuero interno ahorrarse el gasto de palabras vanas...

ZÚÑIGA. *(Con sorpresa).* ¡Qué interesante tu relato! Y que exactitud matemática la de don Álvaro. Porque lo que de seguro pensó en aquel momento está saliendo ahora... *(Con animación).* Don Álvaro huyó del país perseguido por Medina, antimorazanista feroz. ¡Qué diría hoy el león rugiente al saber que Barrios y Medina son uña y carne...!

ROSA. *(Sonriente).* Ya lo dijo. Ya publicó en un periódico de León un artículo que se titula: "La fiera en acecho", refiriéndose a Medina...

ZÚÑIGA. *(Reflexivo).* Es interesante el pasaje del gran tribuno cedreño con el Presidente Barrios...

ROSA. *(Animado).* Y debes saber algo más, sin vanidad de mi parte. Que don Álvaro me honra con su estimación. Estimación que no extiende a mi primo Marco Aurelio.

ZÚÑIGA. (Inclinándose hacia adelante). ¿Por qué será...?

ROSA. Porque para don Álvaro es un instrumento en las manos de Barrios...

ZÚÑIGA. ¿Pero ahora?

ROSA. Sólo cambiará el tiempo del verbo... *(Pausa).* Para. Álvaro Contreras existe un unionismo legítimo y un unionismo falso. El legítimo es el morazánico. El falso es el barrista. Eso es todo.

ZÚÑIGA. ¿Por qué legítimo el uno y falso el otro?

ROSA. Tú sabes que el unionismo de Morazán fue antifeudal y antibritánico... En cambio, el unionismo de Barrios, fuera del griterío de los curas y los conventos, fuera de esa quisicosa que se llama la separación de la Iglesia y el Estado, no hiere a fondo a los hacendados feudales, al contrario los multiplica, dándoles departamentos enteros, como al coronel Pivaral le dio el de Santa Rosa... *(Pausa).* Tampoco le pone un muro al expansionismo creciente de la potencia del día, situada en el Continente, y a la inversa facilita su entrada en Guatemala, pues bien sabes que el ferrocarril interoceánico que construye en el fondo es de la compañía que capitanea el ex-Presidente Ulises Grant...

ZÚÑIGA. *(Cabizbajo).* Eres terrible, Ramón. Se ve claro el unionismo falso que ahora suma a su tropa al medinismo hondureño... como si dijéramos al carrerismo hondureño a la fuerza que con otros personajes ayudó a degollar la Federación y a fusilar a

Morazán... Tienes razón, esa es la verdad: el barrismo es un unionismo falso y hasta se podría decir un unionismo ajeno para servir a un interés extraño. con solo citar el nombre de Mr. Grant está dicho todo... *(levantándose)*. Pero tú, Ramón, hasta caído en el separatismo... y ahora te pregunto: ¿tu separatismo es legítimo o es falso?

ROSA. *(Solemne)*. Siempre que se oponga a una maniobra funesta del falso unionismo, del unionismo ajeno, como acabas de decir, mi actitud separatista es legítima... y al contrario, sería falsa si se llegara a consultar en comicios libres al pueblo centroamericano, y este dijera en votación mayoritaria que deseaba la unión en el último caso dejaría de ser quien soy si llegara a oponerme a la voluntad soberana del pueblo centroamericano.

ZUÑIGA. *(Animado)*. Por eso dicen que de la discusión nace la luz. Ya llegamos a la conclusión de que existen un unionismo legítimo y un unionismo falso... Y que también hay un separatismo legítimo y un separatismo falso...

ROSA. Debo agregarte, Adolfo, que, si llegamos a deshacer la conjura de Barrios y cargamos sobre él hasta aniquilanlo, entonces sería posible que arribáramos a la unión legítima...

ZUÑIGA. *(Escéptico)*. Es difícil, Ramón... ¿Yo presiento que a Centro América le falta algo... qué le falta...? No sé, declaro mi ignorancia... le falta algo que determine su compactación, tal vez se sabrá mañana el nombre de ese faltante... Con vivacidad, moviendo el índice de la diestra. Por hoy, sabré decirte que nos movemos en los polos del unionismo falso y del separatismo falso...

ROSA. *(Con altivez)*. ¿En cuenta el mío...?

ZUÑIGA. *(Confidencial)*. Para ti, nada más... Barrios de una parte y Soto y Zaldívar de otra se mueven como marionetas movidas por los hilos del Destino Manifiesto.

Ambos personajes se pasean en el salón del Ministerio General.

ESCENA II

Entra el Oficial Mayor del Ministerio, con la pluma en la oreja, y se dirige a Rosa.

OFICIAL MAYOR. *(Con reverencia).* Señor, me dijo ayer que le hiciera el recuerdo de que hoy se enviaría el expediente de Santa Rosa a la Corte Suprema de Justicia...

ROSA. Muchas gracias. Hoy tenemos que mandar en consulta el expediente. En este momento hago la nota de remisión. *(Se sienta al escritorio y escribe).*

El Oficial Mayor espera a pie. Zúñiga habla sin poder detenerse.

ZÚÑIGA. La justicia revolucionaria pasa por las horcas caudinas de una consulta a los majaderos de la Corte Suprema de Justicia... Apenas se puede creer...

ROSA. *(Sin dejar de escribir).* Eres implacable, Adolfo... Habla, que te oigo.

ZÚÑIGA. Si como jurista has leído siquiera a trechos los grandes procesos de la historia, has de recordar la defensa que hizo Voltaire del hugonote Juan Calas, condenado a muerte por el parlamento de Tolosa.

ROSA. *(Escribiendo).* Conozco el proceso...

ZUÑIGA. El gran libelista hizo tal esfuerzo en la rehabilitación de Juan Calas, que se estremecieron las entrañas del. pueblo francés, se agitaron los pueblos europeos, se conmovieron las cortes y los príncipes, hasta dejar sin mancha la memoria de la víctima...

ROSA. *(Levantando la cabeza).* Pero se ha dicho que Voltaire no pretendió otra cosa que hacer triunfar sus ideas...

ZUÑIGA. Admitimos que tal cosa fuera su objeto, porque para Voltaire solo contaba la pulverización del ancient Regime. Lo importante es que al rehabilitar a Juan Calas puso en ridículo a los tinterillos del parlamento de Tolosa... ¡Se paseó en ellos...!

ROSA. *(Siempre escribiendo).* ¿La conclusión...?

ZUÑIGA. *(Veloz).* Que tú los rehabilitas al consultarlos...

Rosa y Zúñiga sueltan la carcajada. Rosa se levanta y tira la pluma. Toma la nota escrita y el expediente y se los entrega al Oficial Mayor, que sonríe de ver tan alegres a tan altos personajes y sale.

ROSA. *(Muriéndose de risa).* ¿Y qué va a hacer nuestro parlamento de Tolosa...?
ZÚÑIGA. *(Conteniéndose).* Poner libre a Medina...

Nueva explosión de carcajadas. Se sientan, teniéndose el estómago. Al llegar al límite, se recuperan y vuelven a conversar.

ROSA. *(Saliendo de la risa).* No creas... como aquí el rey quiere muertes... nuestro parlamento de Tolosa hará su voluntad y en el expediente enrollado acompañará un puñal...

Nuevas risas con menos fuerza.

ZÚÑIGA. *(Medio ahogado).* Si hubiera un artículo en la ley que mandara a los magistrados acompañarlo y no hubiera fondos judiciales disponibles... de su bolsillo lo comprarían.

Nuevo acceso de risa casi agotado.

ROSA. *(Parándose y recuperándose).* Son unos pedazos de humanidad enferma. Ya vas a ver, a todos les conmutarán la pena... menos a Medina y a Marín, porque así lo quieren el Presidente de la República y el Ministro General.
ZÚÑIGA. *(Poniéndose de pie y recuperándose).* Y no por recomendación...
ROSA. *(Sarcástico).* ¡Por interpretación...!
ZUÑIGA. *(Igualmente sarcástico).* Por intuición...
ROSA. *(Elevando los brazos).* ¡Por adivinación...!
ZUÑIGA. *(Viendo el piso).* ¡Qué barbaridad...! ¿De dónde crees que procede el servilismo constante de nuestra gente...?
ROSA. *(Enfático).* De la colonia y la esclavitud de entonces... Esta institución desapareció... Pero los nietos de los esclavos, sin cadenas en el pie, las llevan en el alma, y se gozan de llevarlas... *(Se*

aleja Zúniga y regresa deteniéndose a cierta distancia). Oye...,
¿quieres detalles...? En Valle de Ángeles Marco fue a la parte trasera
de la casa y regresó con los botones de la bragueta mal puestos... un
botón de abajo en un hojal de arriba pues ha llegado un
parlamentario de Tolosa a componérselos.... ¿Qué quiere decir
eso...?

ZUÑIGA. (Malicioso). En el mejor de los casos, cortesía...

ROSA. (Indignado). ¡Esclavitud...! Servilismo... ¡Indignidad...!

ZUÑIGA. O cálculo... Así se hacían ricos antes...

ROSA. ¡Así se hacen...! ¡Pero malhaya la riqueza...!¡No
hablemos más de estas porquerías ...!

Ambos hombres se pasean en sentido contrario.

ESCENA III

El Ministro Rosa vuelve a su tarea de firmar papeles. El doctor Zúñiga lee un periódico. Entra el doctor Antonio R. Vallejo, de larga leva abotonada hasta abajo, con el sombrero de copa y el bastón en las manos, seguido de unos campesinos de ambos sexos.

VALLEJO. *(Saludando).* Buenos días señores...
ROSA. *(Levantándose).* Buenos días, doctor.
ZÚÑIGA. *(Levantándose).* Buenos días, doctor.
VALLEJO. *(Señalando a los campesinos).* Ramón, te traigo a presentar a estos muchachos... Luego que hables con ellos te darás cuenta de la importancia que tienen.

Rosa abandona el escritorio y avanza sobre los campesinos a quienes estrecha las manos. Los campesinos se conducen con cierta torpeza agradable en la presentación.

ROSA. *(Retirándose después de la presentación).* ¿Quién de ustedes es el jefe para entenderme con él...?

Se adelanta uno ya entrado en años, que refleja vivacidad.

EL CAMPESINO. Jefe no hay entre nosotros. Pero para responderle, me invento yo en este instante...
ROSA. ¿Qué oficio tiene usted?
JULIAN ESCOBAR. ¿Mi oficio? Joven tuve muchos:
jinete, arriero, minero, maromero... Pero con el tiempo y las circunstancias me hice guerrillero...

Con una declaración tan suelta los personajes se alegran. Rosa los invita a sentarse, y se sientan todos se semi-rueda.

ROSA. *(Repitiendo).* ¿Maromero y guerrillero?
JULIAN ESCOBAR. Y coplero...
ROSA. ¿También hace coplas...?
JULIAN ESCOBAR. Usted conoce unas... *(Se levanta y recita con desenvoltura).*

SOTMOR. Malnacido, has de pagar
el crimen que cometiste
en el desdichado Olán.

ROSBAND. Has de pagar ahora mismo
la forma en que lo mataste,
ahorcado como ladrón.

SARGENTÓN. No me defiendo, matadme,
que dice el refrán antiguo
que el que la debe la paga.

SOTMOR. Somos guerreros, defiéndete
como guerrero que eres,
para alivio de tu muerte.

ROSBAND. No habría "juicio de Dios"
si te entregaras cobarde
a nuestro fiero deseo.

SARGENTÓN. ¿Dos contra uno, enemigos...?

SOTMOR. ¡Escoge el que más te plazca...!

ROSBAND. ¡Ojalá me escoja a mí...!

SARGENTÓN. Joven eres, vive más...

SOTMOR. ¡Entonces soy yo el dichoso...!

SARGENTÓN. ¡Contigo mido mi espada!

SOTMOR. ¡La sangre vieja no puede
vencer a la sangre joven!

SARGENTÓN. ¡No es por viejo que me vences
sino por ser delincuente!

SOTMOR. ¡Ya está cansado el gigante
en el borde de la muerte!

SARGENTÓN. ¡Estoy pagando un delito,
el ahorcamiento de Olán!

Asombrados y entusiastas los doctores aplauden. Julián Escobar se inclina con la soltura del maromero. Rosa se levanta y lo abraza.

ROSA. *(Lleno de júbilo).* ¡Al fin, mi curiosidad ha quedado satisfecha...! ¡Cuando para pensar que hoy conocería al poeta que hizo de mi vieja prosa un poema dramático! ¡Venga a mis brazos...! *(Lo abraza).* ¡Usted no es un coplero! ¡Usted es un artista del pueblo! ¡Lo admiro y lo felicito! *(Rosa y Julián Escobar se sientan).*
ZÚÑIGA. *(Con entusiasmo).* ¡Y cómo cambia las tonalidades para representar a cada personaje del drama...!
VALLEJO. *(Con sorpresa).* Gracia que le ha dado Dios...
JULIAN ESCOBAR. *(Inclinándose).* A un humilde maromero, que por andar en desgracias ha parado en guerrillero...

Ríen todos.

ROSA. *(Curioso).* Cuéntenos su historia desde la maroma hasta la guerrilla.
JULIAN ESCOBAR. *(Con timbrada voz).* Antes de la maroma, fui partideño a Guatemala... En cada viaje traía una mujer joven y un acordeón. Desdichas que omito me impusieron al circo en el que fui payaso. Allí aprendí la gracia y la velocidad. Dejé el circo para sumarme a la insurrección contra los diezmos de Olancho. Fui corneta en las tropas de Antúnez y Zavala. Después de la derrota del año 65, de milagro me salvé en los días de la Ahorcancina. No me quedó más que marchar en la guerrilla de Serapio Romero y Cirilo Mendoza, que tomó la plaza de Juticalpa en año 68... He visto horrores como ustedes no se imaginan... Los hijos del pueblo solo horrores vemos. Y hoy me tienen aquí, exigiendo, si se me permite la palabra, al señor Ministro General, doctor Ramón Rosa, no vaya a permitir la desgracia de que José María Medina, Medinón o General

Bejuco, deje de pagar el crimen de la ahorcancina, por incomprensión, cobardía o clemencia...

Los campesinos aprueban con ademanes de cabeza. Los doctores se vuelven a ver.

ROSA. *(Enfático).* Tal es mi pensamiento en "Ondina, o la mujer del tirano..."

JULIÁN ESCOBAR. *(Con timbrada voz).* Es lo que reclamo en "La historia de la bella Ondina"... Yo no lo reclamo yo personalmente sino tres cabezas decapitadas con salvajismo e impiedad... Las cabezas de Antúnez, Zavala y Cinchonero... Los espectros de más de mil buenos cristianos colgados con mecates y bejucos de las ramas de los árboles aquí y allá... Las sombras de más de quinientos olanchanos pasados por las armas en las distintas zonas de exterminio. Las gentes empujadas por las fuerzas de sus valles queridos hacia otros departamentos de la República y hacia Nicaragua, de donde ya no volverán... Las cenizas de los pueblos de Manto, Silca, y San Francisco de La Paz... Esas cabezas, esos espectros, esas sombras, esas gentes ultrajadas, esas cenizas exigen el inmediato castigo del criminal en el patíbulo. Si es que existe la Providencia divina...

VALLEJO. *(Interrumpiéndolo).* Julián, no vayas tan lejos...

JULIÁN ESCOBAR. *(Soñadoramente).* En las acciones del 68 nos acompañó una mujer joven, que más que mujer era una encarnación celeste... Nosotros la llamábamos el "alma de la Revolución". Era la hija menor del general Bernabé Antúnez; salvada del exterminio del 65 por milagro, creció y se educó para luchar en favor de la justicia divina que recuerda el Padre Vallejo, porque entonces se llegó a creer que el Altísimo impulsaba el viento de la libertad y ella, recordando a su progenitor decapitado y amando como mujer al héroe de los llanos, a Cinchonero, fue la principal impulsora de la lucha, con su gracia, con su inteligencia, con su diligencia y con su dinero... *(Se detiene, con voz ronca).* Después de tomar Juticalpa y cuando tuvo suceso el combate de la Cuesta del Cacao, que íbamos ganando a las tropas del Gobierno, porque éramos más hombres que nuestros enemigos, allí el arrojo temerario de Serapio Romero determinó su muerte. María Serrano, así se llamaba en guerra la mujer de este relato, sin pensar que las balas mataban, corrió hasta el cuerpo caído de Cinchonero, se arrodilló, lo abrazó, lo besó, se lamentó... *(Saca un pañuelo y se lo lleva a los ojos).* Nunca vi un cuadro más doloroso ni jamás lo volveré a ver. Después, la derrota, las persecuciones, los días sin sol y las noches sin amanecer. No supe una palabra más de María Serrano. De repente la mataron o se perdió en los bosques como las hadas...

Los doctores han inclinado la cabeza. Las mujeres campesinas lloran en silencio. Los demás campesinos sufren con el relato que dramatiza Julián Escobar.

ZÚÑIGA. *(Por decir algo).* Pasó como un blanco sueño mañanero por las sábanas verdes del Valle Arriba....

JULIÁN ESCOBAR. *(Señala a las campesinas).* Estas mujeres, en orden de edad, son las Fidelia, Simona y Pastora Araque... hijas de Engracia Araque, mujer del pueblo de Manto. Madre de aquel pueblo, por sus servicios y benevolencias participó en las acciones del año 65, como persona menor, como gente menuda, en las pequeñas cosas que tienen importancia decisiva en los grandes acontecimientos... Amando con amor verdadero al Alcalde José María Rosales, quien se enfrentó en el cabildo, solo y desamparado, a la fiera del general Bejuco, siguió, al objeto de su pasión a las montañas, después de la derrota y en medio de la ahorcancina, acompañada de estas muchachas, que entonces eran unas niñas... *(Pausa).* Ellas, con palabras propias, podrían narrarle los sufrimientos de las personas que huyen de las bestias humanas y se mantienen enconbidas en medio de víboras y de tigres... sería tanta la descripción como para escribir un romance... pero un romance vivido, no inventado...

Los doctores se mantienen atraídos por el relato.

JULIÁN ESCOBAR. En el asalto que hizo una patrulla del Gobierno a la cueva de Piedra Blanca, pereció el Alcalde José María Rosales, destrozado el corazón de un tiro… Cinchonero, Cirilo

Mendoza, otros rebeldes y el que habla estábamos allí cuando sucedió el alto... *(Pausa)*. Peleamos y nos abrimos paso en aquella ocasión, pero preparando inmediatamente una emboscada en la que exterminamos a los asaltantes, sin dejar uno vivo. Después volvimos a enterrar al Alcalde Rosales en la misma cueva, y sacamos de allí a Engracia, abrumada de dolor, y a estas muchachas, llevándolas a Los Ranchos, donde permanecieron hasta que se fueron tranquilizando los valles y se fueron saciando las bestias que comían carne humana... *(Pausa)*. Diré en memoria del Alcalde Rosales que eran un buen hombre, sencillo y valiente, cuyo ejemplo de bondad revolucionaria impulsó a Cinchonero a organizar las guerrillas que operaron en Olancho desde el año 65 hasta el año 68, año en que pereció el último valiente de nombradía de aquella región... *(Evocando, como si estuviera solo)*. María Serrano completaba sus gracias con el talento de improvisar coplas. Decía en una de ellas: *(Cantando en voz baja)*.

¡Oro siempre hay en los ríos
clarín en el clarinero...
Que si murieron Antúnez
y Zavala, hay un guerrero.
Medinón ha de pagarla
muy pronto en el matadero ...
Esta guerra ha de llevarla
hasta el triunfo Cinchonero!

JULIÁN ESCOBAR. *(Como si despertara)*. Doctor Rosa: Pedro Fernández, el verdugo regional del medinismo, ya es ánima... Uno de los nuestros dio cuenta de él en El Jícaro, en Las Segovias de Nicaragua... Será el Gobierno de ustedes o tendremos que ser nosotros los que castiguemos a la brava a José María Medina, al general Bejuco, ¿cómo le decimos en Olancho?

ROSA. *(Con voz severa)*. Inteligente amigo, su relato es conmovedor... El doctor Vallejo, encargado de redactar la historia del país, recogerá su testimonio en páginas de fuego... Estoy seguro de ello... *(Vuelve a ver al doctor Vallejo)*.

VALLEJO. *(Rápido)*. Así será como dice el doctor ROSA...

ROSA. Y de avivar aquellos dolorosos recuerdos en la conciencia pública se encargará el doctor Zúñiga, director de la hoja política de la Reforma... (*Vuelve a ver al doctor Zúñiga*).

ZÚÑIGA. (*Elocuente*). La guerra campesina de Olancho contra los diezmos siempre ha gozado de mi simpatía... Y sus héroes populares me parecen los mejores héroes de la República después de Morazán y de los más honrados prohombres de la Independencia... No importa que fueran humildes si pesan por significativos en la balanza de las valoraciones positivas... En el periódico "La Paz" que dirijo, soplaré el clarín que soplara en años de lucha y sangre el guerrillero Julián Escobar.

ROSA. Todo está dicho... Ahora, como la República se rige por leyes, con las leyes cohonestadas con los hechos las que determinarán el destino de Medina... El proceso por conspiración, traición y otros cargos probados está en consulta en la Corte Suprema de Justicia... y de allí saldrá la decisión última del Gobierno en cuanto a la suerte del reo y de sus cómplices en el proyecto de asalto del cuartel de Santa Rosa y en la sublevación armada del indio Calixto Vázquez, alias Corta-Cabezas, en las montañas de Santa María... Pueden ser ejecutados; pueden alcanzar la libertad algunos, o pueden salir de la cárcel todos...

JULIÁN ESCOBAR. (*Inclinando el cuerpo*). Santamente le pregunto: ¿en su Corte hay medinistas...? Que si los hay doctor Rosa, para bien o para mal, Medina, toro encerrado, ya está fuera del corral... (*Se recuesta en la silla*).

Se alegran los doctores. Sonríen los campesinos.

ROSA. (*Levantándose*). Veremos los resultados (*Se levantan todos*). Los sabrán por medio del periódico del doctor Zúñiga.

JULIÁN ESCOBAR. Los sabremos en Santa Rosa porque vamos para allí... Diciendo que somos de pueblo de Opoteca, centenares de olanchanos ofendidos nos movemos hacia aquella población. Y muchas gracias por sus atenciones...

ROSA. Después de estos sucesos, quiero volver a verlo...a usted... a las muchachas... y a sus acompañantes...

JULIÁN ESCOBAR. Volveremos, doctor Rosa... (*Se inclina*).

Despedida a coro con apretones de manos. El doctor Vallejo sale con ellos.

ROSA. *(A Zúñiga).* ¿Oíste...? Medina, toro encerrado, ya está fuera del corral...

ZÚÑIGA. *(Va a la percha a tomar su sombrero y su bastón y vuelve).* Pues, mi querido Ramón, desenraiza de allí que el pueblo cree que los magistrados le darán la libertad a Medina...

ROSA. *(En broma).* Si tal llega a suceder, les doy veneno...

ZÚÑIGA. *(En broma).* Lo pondrán en libertad... y el veneno te lo darán a ti, por ejemplo, en una copa de coñac... *(Ríe y avanza sobre la puerta).*

ROSA. *(Riendo).* Vas a decírselos...

Sale Zúñiga. Rosa se sienta frente a su escritorio para seguir firmando papeles.

ESCENA IV[3]

Entra el Presidente Marco Aurelio Soto con unos papeles en la mano.

SOTO. *(Sombrío).* El asunto del proceso va mal, Ramón. Nuestros telegramas para Yoro andan circulando en octavillas. Mira... *(Levanta una hoja).*

ROSA. *(Con frialdad).* Estoy cansado... Hazme el favor de darle lectura...

SOTO. *(Leyendo).* Tegucigalpa, 8 de octubre de 1877. Señor general don Cleto González. Yoro. Dirigí a usted una carta recordándole que ponga en libertad a Félix Valle, bajo fianza. Esta correspondencia debe haber llegado por correo de don Pedro Valle. No atienda usted a todo esto. Póngase de acuerdo con el coronel Antonelli y obre de tal modo que obtenga tal declaración contra las personas que se le han indicado. Para esto haga uso de todo lo que a usted se le ocurra y sea necesario. No deje que este reo salga, porque peligra el plan que el Gobierno tiene entre manos y usted responderá de todo ante él. ROSA". *(Alza la mirada).* ¿Qué dices...? ¿Verdad que esto es muy serio para el Gobierno...?

ROSA. *(Sarcástico).* Adolfo, que acaba de salir, puede decir en el periódico "La Paz", que es una invención de los medinistas... A Félix Valle se le puede comprar una declaración firmada, sin reparar en lo que pida... Al general Cleto González se le puede exigir una constancia similar, que la daría por conveniencia propia... De esta manera, si los partidarios de Medina creen en el telegrama... los amigos del Gobierno sostendrán la verdad de lo publicado en "La Paz".

SOTO. Escucha esta otra octavilla: "Tegucigalpa, 8 de octubre de 1877. Señor general Cleto González. Yoro. Se ha despachado un correo con recomendaciones solicitadas por don Pedro Valle. No haga caso usted de tales recomendaciones; tratando con sagacidad y

---

[3] El alterado de esta escena, entre Rosa y Soto, es histórico, aunque, naturalmente, con otras palabras.

energía, debe obtener declaración del ejecutado contra el general Medina y las otras personas que le indiqué con el coronel Castillo. Tenga presente que este es el resultado que se quiere obtener. Soy de usted atento servidor. SOTO".

ROSA. *(Sarcástico).* ¿Qué idea se te ocurre para desvirtuar ese oficio?

SOTO. *(Abrumado).* ¡Retroceder! Contestar a la propaganda medinista, concediendo la libertad de Medina... *(Agita la hoja).* Esto produce un efecto desastroso en el pueblo que me considera honesto... Y le da armas poderosas a Barrios para cobrar mi deseo de matar a Medina, dejando por fuera su conjura contra mi Gobierno. *(Reflexiona).* La palabra mágica es retroceder.

ROSA *(Se levanta airado y avanza sobre Soto).* ¡Cobarde...!

SOTO. *(Irritado).* ¡Mis apreciaciones son racionales, tienen carácter lógico... y tú les das de golpe un valor moral...!

ROSA. *(Más cerca de Soto).* Te digo cobarde

SOTO. *(Indignado).* ¡Tú sabes que mientes, porque colocas un estado de alma en el lugar que le corresponde a una fría operación táctica...!

ROSA. *(Accionado con los puños cerrados).* ¡En medio del combate un general probado nunca piensa en retirarse sino en vencer...!

SOTO. *(Tratándose de dominarse).* ¡Siempre ha sucedido que primero te apasionas y después piensas, dando el resultado que tus caprichos cristalizan en arbitrariedades...!

ROSA. *(Casi gritando).* ¡Siendo que primero enloquezco y después hago barrabasadas, échame a mí todo lo malo de tu Reforma a medias, de tu Reforma metafísica, de tu Reforma ilusoria, que en todo cede al pasado, con todo se reconcilia, en todo se empéñese, y quédate con lo poquísimo que pudiera haber en ellas...!

SOTO. *(Haciendo esfuerzo por hablar en tono normal).* ¿Qué quieres decir con tu frondosidad oratoria...?

ROSA. *(Con el mismo ánimo).* Quiero decir que propales que yo mandé esos telegramas al general Cleto González, pidiéndoles que colgara a un hombre para arrancarle confesiones falsas... con la seguridad de que cuando se me hagan preguntas relacionadas con el caso, diré con el valor que me caracteriza que es cierto, ¡que yo los escribí y los despaché...!

SOTO. *(Va a la mesa donde deja las hojas impresas y vuelve)*. ¡Hay días en que no se puede hablar porque estás con el diablo adentro...!

ROSA. *(Sin hacer caso a lo que expresa Soto)*. ¡Retroceder... contestar a la propaganda medinista poniendo en libertad a Medina... temblar ante la intervención de Barrios, teniendo pruebas de que él es el atizador de la conjura de Santa Rosa...!

SOTO. *(En tono corriente)*. ¡He dicho eso como político...!

ROSA. *(Encarándose a Soto)*. ¡Si tienes miedo de firmar la pena de muerte de Medina, deja que la firme yo...!

SOTO. *(Con suave ironía)*. ¿Estás dispuesto a firmarla?

ROSA. *(Enfático)*. Sí... con mi carácter de Ministro General, para quitarte el peso que te abruma, para que dejes de pasar las noches en vela, para que te vuelva el apetito...!

SOTO. Nunca habías sido tan ofensivo... *(Se sienta)*.

ROSA. *(Paseándose)*. ¡Víctima del "to be or not to be", agobiado por la duda de si te vengas o no te vengas de Claudio, nuevo Hamlet vagas como un fantasma por los corredores obscurecidos noche a noche... te acercas a la mesa y te alejas de ella sin probar agua...! Pues yo, otro Fortinbras, si tú quieres, limpio de funestos venenos filosóficos, estoy dispuesto a firmar al que considero justo para prestigiar el Gobierno que participo y para volverle su honor a la ofendida Honduras....

SOTO. Veo que me tienes lástima.

ROSA. *(Deteniéndose y girando con rapidez)*. ¡No escondo que siempre te la he tenido...!

SOTO. Me insultas a más no poder...

ROSA. *(Paseándose, con un ademán despreciativo)*. ¡Simplemente te comprendo...! *(Da vuelta y se detiene)*. Pero vamos... ¿Vas a firmar la sentencia...?

SOTO. Pareces enemigo personal de Medina.

ROSA. *(Afirmando con la cabeza)*. ¡Lo soy... Medina no debe de existir... ¡Y te agrego que también debe desaparecer Barrios por traidor a la verdadera revolución de Centro América...!

SOTO. Hasta qué límite te lleva el odio.

ROSA. Entre nosotros dos hay un abismo... Pero dejemos ésto... ¡Me interesa saber qué decisión vas a tomar...!

SOTO. *(Levantándose y avanzando con lentitud hacia la puerta).* El abismo que hay entre los dos es que tú quieres matar ya, mientras que yo seguiré pensando si me mancho de sangre las manos o las conservo limpias... Seguiré pensando... *(Gana la puerta).*

ROSA. *(Sarcástico).* ¡Y desvelándote...!

Soto desaparece y Rosa va a la esquinera, donde se sirve una copa de coñac.

ESCENA V

Rosa se pasea en la sala del Ministerio General. Medita con la cabeza inclinada y las manos enlazadas por detrás. Entran cinco personajes de leva larga y sombrero de copa. Hacen una reverencia y avanzan hacia Rosa para estrecharle la mano. Rosa se las estrecha, les indica que pongan sus sombreros en una mesa destinada al efecto. Y los invita a sentarse.

ROSA. *(Con alborozo).* ¡Señores Magistrados de la Corte Suprema de Justicia...!

LOS MAGISTRADOS. *(A coro, en distintos tonos).* ¡Señor Ministro General...!

ROSA. *(En cuyas palabras siempre va el alfiler de la ironía).* Qué honra para el humilde servidor de ustedes al recibirlos en esta casa...

UNO DE LOS MAGISTRADOS. *(Grueso y bajo, como ladrando).* El honor es nuestro, señor Ministro. En asunto tan importante, como el que nos trae en esta ocasión...

ROSA. Vengan esas manos justicieras... *(Les da la mano).* Pongan sus sombreros en esa mesa... *(Lo hacen).* Ahora tengan la bondad de sentarse... *(Se sientan).* Y expresan el objeto de su digna visita.... Me gustaría escuchar al Jefe del Poder Judicial.

EL PRESIDENTE DE LA CORTE. *(Como ladrando).* Señor Ministro: todo se relaciona con el proceso del general Medina y de los demás delincuentes de Santa Rosa... Siempre es bueno que los Poderes Públicos marchen en armonía. en asunto de tanta monta... *(Saca el proceso de una bolsa interior y lo agita).*

ROSA. *(Con su alfiler irónico).* Creo que no hay necesidad de un acuerdo conversando... Ustedes son un Poder independiente... Gozan de absoluta libertad de juzgar... Así es que pueden estar de acuerdo con la sentencia y ratificarla... O no estar de acuerdo y declararla nula... *(Pausa).* ¡Aunque el Poder Ejecutivo quiere que en Santa Rosa haya una verdadera carnicería...! *(Acentúa con la cabeza).*

Los Magistrados se agitan en sus asientos, se vuelven a ver asustados y luego clavan los ojos hacia el Ministro Rosa.

ROSA. Pero este asunto es mejor que lo conversen con el señor Presidente de la República, quien dirá la última palabra... Así es que voy a llamarlo... Con permiso... *(Sale).*

EL SEGUNDO MAGISTRADO. *(Como mugiendo).* Verdad que te dije que no viniéramos...

EL TERCER MAGISTRADO. *(Como relinchando).* Soy amigo de Medina, yo no lo voy a matar.. . Soy amigo de Marín y yo no lo asesino... Soy amigo de los demás y no me mancho las manos con su sangre...

EL CUARTO MAGISTRADO. *(Como rebuznando).* Dicen que al que firma una sentencia de muerte se le seca la mano...

EL QUINTO MAGISTRADO. *(Como aullando).* Una carnicería quiere el doctor Rosa. Maldita sea la hora en que fui a aceptar este puesto...

EL PRESIDENTE. *(Calmando a sus colegas).* Paciencia, trataremos el asunto del proceso de Poder a Poder...

EL QUINTO MAGISTRADO. Ilusiones en esta casa están los que mandan... nosotros somos cero a la izquierda.

EL CUARTO MAGISTRADO. Los cinco quedaremos comiendo por mano ajena...

EL TERCER MAGISTRADO. Ya dije que soy amigo de Medina...y soy tan medinista como el señor obispo de Comayagua...

EL PRESIDENTE DE LA CORTE. De nosotros depende el porvenir de la República... Este Gobierno es sólido como una roca...

EL SEGUNDO MAGISTRADO. Si no firmamos nos matan éstos... y si firmamos nos degüellan los medinistas… Ay, Dios.

EL CUARTO MAGISTRADO. Esta noche me voy para El Salvador...

EL QUINTO MAGISTRADO. Y yo para Nicaragua...

EL PRESIDENTE DE LA CORTE. *(Se levanta).* Ánimo, soldados...

EL QUINTO MAGISTRADO. *(Corrigiéndolo).* Magistrados... Ya estás loco...

EL CUARTO MAGISTRADO. Es para estarlo... Yo lo estoy...

EL SEGUNDO MAGISTRADO. *(Levantándose y manoteando).* ¡Dios mío...! ¡Mejor estuviera muerto...!

Se presenta un Ayudante del Palacio.

AYUDANTE. *(Ceremonioso).* Señores Magistrados, dice el señor Presidente que le disculpen la tardanza. Pero que ya vendrá...

EL PRESIDENTE DE LA CORTE. Entendidos... ¿Tardará mucho el señor Presidente...?

AYUDANTE. No sabría decirle... Celebra una audiencia con unos militares...

EL PRESIDENTE DE LA CORTE. ¿Qué flota en el ambiente... usted que vive en esta casa...?

AYUDANTE. ¿En el ambiente de esta casa...? Aquí solo hay ánimo de fusilar a Medina y de partir por la mitad a los medinistas...

CORO DE MAGISTRADOS. *(Con susto).* ¡Santo Dios...!

EL QUINTO MAGISTRADO. *(Con un aullido).* ¿Dónde queda el servicio...?

AYUDANTE. *(Socarrón).* A los empleados medinistas los mandarán a combatir en primera fila contra Corta-Cabezas...

EL CUARTO MAGISTRADO. *(Con un rebuzno).* ¡Y yo que le temo a la muerte por bala...!

AYUDANTE. *(Sonriente).* No le tenga, que las gorgueras siempre se salvan de los peligros...

EL TERCER MAGISTRADO. *(Con un relincho).* No creas... ¿Y Medina...?

AYUDANTE. *(Rápido).* He oído decir que ustedes lo van a salvar...

EL SEGUNDO MAGISTRADO. *(Con un mugido).* ¡Me duele la cabeza...!

EL PRESIDENTE DE LA CORTE. *(Con ladridos).* No lo salvaremos... ni lo condenaremos... simplemente haremos justicia. . . en el caso ...

AYUDANTE. *(Satisfecho).* Qué distinto hablan los gamonales en sus cosas de nosotros los ignorantes... *(Se va al extremo de la sala y se sienta).*

Los Magistrados guardan silencio, y de vez en cuando suspiran.

ESCENA VI

Entran el Presidente Soto, el Ministro Rosa y el abogado Adolfo Zúñiga. Los Magistrados se levantan con gran reverencia. Soto les estrecha la mano uno a uno. Los invita a alentarse. Se sientan en semirueda los Magistrados y Soto. El Ministro Rosa va a sentarse frente a su escritorio, y ZÚÑIGA hala una silla y se instala en el extremo del escritorio ministerial, con la vista sobre el grupo.

SOTO. *(Sombrío, con ligera inclinación).* Señores Magistrados, perdonen que haya tardado un poco.
LOS MAGISTRADOS. *(Con inclinación palaciega).* Señor Presidente de la República...
SOTO. Es un honor saludarlos... *(Les estrecha la mano).* Tengan la bondad de sentarse... *(Se sientan).* Estoy para atenderlos...
EL PRESIDENTE DE LA CORTE. Señor Presidente...Nos trae el proceso de Medina, queremos informaciones y un acuerdo sobre el asunto... de Poder a Poder...
SOTO. Las informaciones son las siguientes... *(Saca de la bolsa del saco unos papeles).* Pongan atención a lo que voy a leer...

MALACATAN, enero 28 de 1878. Señores generales, don Emilio Delgado y don Luis Bográn. En este punto he recibido las cartas de ustedes que han tenido la bondad de dirigirme. Por otros amigos sabía lo del Consejo de Guerra que se les seguía a los conspiradores de la República; como entre ellos está el general Medina, cuyo sujeto, si lo han condenado a muerte, como amigo de ustedes les pido el favor de que suspendan la ejecución. Voy dirigido a Guatemala, de donde les pondré mi propio, y con este les explicaré mi modo de pensar respecto de esa revolución. Por carta que dirigí de Guatemala al Presidente Soto, en la cual le pedía al general Medina bajo mi palabra de honor, supongo que la habrá recibido. Concluyo. *JUSTO RUFINO BARRIOS.*

(Levanta la frente). ¿Qué dicen ustedes...?

EL PRESIDENTE DE LA CORTE. Extraño...que el Presidente Barrios pida que se suspenda un procedimiento... y que de haber sentencia, se suspenda la ejecución de ella...

SOTO. *(Al segundo Magistrado).* ¿Y usted?

EL SEGUNDO MAGISTRADO. Convendría ver más papeles

SOTO. *(Al tercer Magistrado).* ¿Y usted..?

EL TERCER MAGISTRADO. Un amigo pide a otros amigos que salven al amigo

SOTO. *(Al cuarto Magistrado).* ¿Y usted?

EL CUARTO MAGISTRADO. Pienso que su Excelencia está de acuerdo con el Presidente Barrios en cuanto al perdón de Medina...

SOTO. *(Al quinto Magistrado).* ¿Y usted...?

EL QUINTO MAGISTRADO. No hallo qué decir...

Rosa deja su asiento y avanza sobre el grupo.

ROSA. *(Sarcástico).* Me parece que han sido muy lacónicos y reservados en sus expresiones... Como se ha iniciado un proceso por conspiración, instigación, traición y ocultación de armas, el señor Comandante General de la República quiere que le indiquen una vía legal para estar de acuerdo con el Presidente Barrios y salvar la vida del general Medina...!

Miradas de alegría se dirigen los Magistrados unos a otros.

CORO DE MAGISTRADOS. *(En distintos tonos).* Es posible hallar la vía legal..

ROSA. *(Ríe con estrépito).* Señor Comandante General: tiene el instrumento jurídico que buscaba con ansia loca...la Corte Suprema de Justicia es medinista hasta los tuétanos.

Al oír las palabras de Rosa los Magistrados se llenan de terror.

SOTO. *(Haciendo esfuerzos para mantenerse sereno).* Les voy a leer otro oficio... Pongan atención:

"Malacatán, enero 28 de 1878. Señores generales don Luis Bográn y don Emilio Delgado. No es el general Medina el autor de esa revolución; su incógnita está en El Salvador; en llegando a Guatemala yo la despejaré y escribiré a ustedes; por lo mismo necesito que no se fusile al general Medina, a quien les recomiendo de nuevo. *JUSTO RUFINO BARRIOS*".

(Levanta la frente). ¿Y ahora qué dicen...?

EL PRESIDENTE DE LA CORTE. Señor Comandante General de la República, en todo esto hay mar de fondo...El asunto es más morrocotudo de lo que suponíamos... Nos trasladaremos a la Corte para estudiar el proceso y dar dictamen sobre lo que proceda en derecho... *(Agita el proceso)*.

SOTO. *(Pausado)*. Yo no los he llamado… Vinieron ustedes a poner de acuerdo el Poder Judicial con el Poder Ejecutivo en el proceso de Medina y compañeros... *(Medita, indicando que no ha terminado)*. No puede haber acuerdo jurídico, pero sí en el terreno político...

EL QUINTO MAGISTRADO. La Constitución...

ROSA. *(Interrumpiéndolo)*. Salida de tinterillo, cuando Calixto Vázquez anda cortando cabezas en su zona y cuando Justo Rufino Barrios nos amenaza con una guerra, porque en esos papeles acusa ser accionista en la conspiración de Medina....

Los Magistrados se han convertido en piedra.

EL TERCER MAGISTRADO. *(Con ojos de súplica)*. Señor, díganos qué debemos hacer....

SOTO. *(Con lástima)*. Lo que más convenga al país.

ROSA. *(Enfático, por asustarlo)*. ¡Seamos claros: una carnicería!

SOTO. *(Levantándose e indicando que ha terminado la audiencia)*. Estudien el proceso, y seguiremos hablando con usted. *(Se dirige al Presidente de la Corte)*.

Los Magistrados se levantan, se despiden ceremoniosos, toman sus sombreros y salen casi corriendo.

SOTO. *(A Rosa)*. Siempre te he reprochado la grosería con que tratas a las personas... *(Se va)*.

ROSA. *(Riéndose)*. ¡Qué culpa tengo yo de haber nacido para mandar y ellos para obedecer!

ZÚÑIGA. *(Levantándose, tomando su sombrero, en broma)*. Ramón Rosa y la palabra tiranía son la misma cosa...

ROSA. *(Palmoteando en el hombro a Zúñiga)*. ¿Y tú también, hijo mío...?

ZÚÑIGA. *(Vivaz)*. Buen recuerdo de la frase de Julio César para Bruto... En efecto, Bruto era hijo de Julio César y lo mató... *(Se va)*.

Se detiene en el centro del salón y sonríe.

ACTO III

SEGUNDA PARTE

EL GENERAL MEDINA ES PASADO POR LAS ARMAS EL 8 DE FEBRERO DE 1878

ESCENA I

Siete de febrero de 1878, a las 11 de la noche. La Comandancia de Armas donde funciona el Consejo de Guerra está defendida por una muralla de fusiles.

En la plaza de Santa Rosa se aglomera el pueblo. Grandes fogatas iluminan los rostros y contrarrestan el frio intenso de la noche. Gritos y voces altas llegan hasta la severa sala del Consejo de Guerra.

De pronto se dejan oír los timbres quejumbrosos de las campanas, tocando a muerto.

DELGADO. *(Se pasea inquieto y se detiene para dirigirse a Bográn).* Ya empezaron a sonar las campanas... Siempre suenan las campanas cuando se reúne el Consejo de Guerra.

BOGRAN. *(Irónico).* Pero no se les puede mandar a callar, porque el Gobierno de la Reforma está ahora a partir de un confite con los campaneros...

DELGADO. *(Paseándose).* A lo largo de los tiempos la política de los campaneros ha sido prenderle una candela a Dios y otra al Diablo...

BOGRAN. *(Sonriente).* ¿Qué se le va a hacer? Tú sabes que engordaron con las libras de los empréstitos de Medina... Y ahora esperan engordar con los pesos de indemnización que les ha ofrecido Soto. *(Pausa).* ¿Te acuerdas de Tata Giño...? Apostaba cinco pesos a la pata del giro y otros cinco a la pata de cola blanca... Y así no ganaba...pero no perdía...

Delgado sonríe forzadamente. Bográn ríe de buena gana.

DELGADO. *(Deteniéndose).* En este asunto, tú y yo sabemos muchas cosas que lleváremos a la tumba...

BOGRAN. *(Grave).* Las sabemos.

DELGADO. *(Cambiando de conversación).* ¿Qué hacemos con Barrios...?

BOGRAN. *(Cínico).* Reírnos de él...

DELGADO. *(Frunciendo el ceño).* No nos perdonará...

BOGRAN. Lo más que puede hacer es echarnos una maldición.

DELGADO. *(En broma).* Que te puede caer en ti...

BOGRAN. *(Señalándolo con el índice).* O en ti...

DELGADO. *(Bajando la cabeza).* Por dentro estoy inquieto.

BOGRAN. *(Elevando la frente).* Yo no lo estoy ni por dentro ni por fuera... *(Moviendo la diestra con desprecio).* Simplemente estamos jugando naipes.

DELGADO. *(Viéndolo fijamente).* ¿Qué sugieres...?

BOGRAN. *(Acercándosele).* Muy sencillo, Emilio... Barrios nos pide que libremos a Medina. *(Pausa).* No podemos hacerlo porque somos militares de alta... Tenemos que obedecer y cumplir nuestro deber militar. *(Pausa).* Barrios queda manco sin Medina en Honduras... Le ganan la partida Soto y Rosa... Más que Soto, Rosa, que es el hombre de la Reforma. Tú sabes.

Delgado escucha con grande atención.

BOGRÁN. Soto solo le tira al dinero, ama la riqueza, se está haciendo rico. Rosa, en cambio, mira a los ideales, a una Honduras fuerte, a una Centro América unida cívicamente, bajo el voto de los pueblos... *(Pausa).* Pero esto es sueño... En razón de que la pluma apenas está empezando a probar que es superior a la espada... Rosa, tan lleno de talento y voluntad, es admirado y seguido por las minorías cultas del país... Y nada más. ¿Comprendes...?

Delgado va a la mesa, bebe un poco de agua y regresa.

BOGRÁN. Desaparecido el vejete de Medina... desprestigiados los prohombres de la Reforma por su asesinato, quedan otros, aunque bañados de sangre de la cabeza a los pies...

DELGADO. *(Interrumpiéndolo).* Tú y yo...

BOGRÁN *(Afirmando con la cabeza).* Sí, hombre....

DELGADO. *(Dándole palmaditas en el hombro).* ¡Maquiavelo!

BOGRÁN. *(Sin hacerle caso).* Cómplices de Soto, tendremos con él hacha, calabazo y miel, como dicen los colmeneros... Por eso está bien que lo sirvamos... sin que nos falten razones para disculparnos con Barrios... Ya vas a ver.

DELGADO. En el caso, somos los hombres de confianza de Soto...

BOGRÁN. Sobre todo de Rosa...

DELGADO. Manuel Bonilla también es hombre de confianza... Veo que se está ganando el generalato...

BOGRÁN. Por la Ahorcancina de Olancho. Es el brazo vengador... Por ser nuestro cómplice, siempre debemos tenerlo cerca...

DELGADO. ¿Tú conclusión...?

BOGRÁN. Vamos para el Poder... No lo buscamos nosotros, es que lo vamos a encontrar como el caminante que al término de la jornada encuentra la casa que le darán de abrigo...

DELGADO. *(Le vuelve a dar palmaditas).* ¡Maquiavelo! *(Se retira).* No obstante, esto que hacemos me produce asco...

BOGRAN. *(Irónico).* Eres muy cristiano... Te preocupan las campanas... Yo, en cambio, soy un jugador de naipes.

Entran en grupo los generales Toro y Aguilar; los coroneles Solís, Villela, Bonilla y Cerro y el abogado Justo Cálix. Saludan y hablan sin concierto, siempre desde sus puntos de vista sustentados.

Las campanas de la iglesia no cesan de tocar a muerto.

Las voces altas y los gritos de la plaza llegan hasta la sala del Consejo de Guerra.

TODOS LOS QUE LLEGAN. *(En distintas voces).* ¡Señores generales...!

DELGADO Y BOGRÁN. *(A una).* ¡Señores! ¡Los esperábamos!

CERRO. ¡Venimos a beber agua en el río de las verdades...!

BONILLA. ¡A cumplir nuestro deber...!

VILLELA. ¡A matar a unos pobres diablos...!

SOLÍS. ¡A manchar el nombre de nuestros descendientes!

TORO. ¡Tan luego haga esta villanía me iré para mis montes y nadie me volverá a ver...!

AGUILAR. ¡Qué decir si soy el Auditor de Guerra...!

CÁLIX. ¡Como Fiscal represento al Estado...!

BOGRÁN. Nunca había oído una música tan desigual en la que los clarinetes van por un lado, los pitones por otro y todos los demás instrumentos tocan piezas distintas... *(Ríe)*.

DELGADO. *(Con vivacidad en los ojos)*. Recibí carta de Tegucigalpa en la que me dicen que así disonaban los magistrados de la Corte Suprema de Justicia... *(Irónico)*. No hay ninguna coincidencia en él caso...

Algunos sonríen. Otros se muerden los labios.

CÁLIX. *(Con reverencia)*. General Delgado, me parece que falta el retrato...

DELGADO. Es verdad, licenciado Cálix... Está en la otra pieza... ¿Quisiera ir a traerlo?

CALIX. Con mucho gusto... *(Sale y vuelve con rapidez)*.

DELGADO. Póngalo allí.

Cálix arrastra una silla. Sube a ella. Hace pender de un clavo un retrato grande hecho al óleo, en el que aparece la figura del Capitán General José María Medina, cuando fue presidente, con el uniforme y la espada que le enviara de Inglaterra la Reina Victoria. Baja el abogado Cálix y va a su asiento. Todos lo contemplan con mudos y diversos sentimientos.

DELGADO. *(Con solemnidad)*. ¡Señores, esto se llama tragedia en los textos de los trágicos griegos...! ¡La tragedia comprende a los protagonistas y los antagonistas! ¡Si hoy hacemos esto por la razón de Estado establecida, no sabemos si mañana se nos aplicará a nosotros la misma razón de Estado! ¡Pero nuestro deber es cerrar los ojos y actuar sin muchas reflexiones!

Los miembros del Consejo de Guerra bajan la cabeza y algunos mueven los labios como si oraran...

Las campanas de la iglesia no cesan en su quejumbre tocando a muerto.

Afuera se dejan oír llantos y lamentaciones a gritos de las probables viudas de los presuntos ajusticiados.

BOGRÁN. *(Impaciente).* ¡Señores, no hagamos muy largo el drama...! ¡Salgamos pronto de este trance...!

BONILLA. *(Con voz hueca).* ¡Rapidez es la palabra...!

DELGADO. *(Ordenando).* Coronel Cerro, asómese a la puerta y llame al Teniente de la custodia.

Cerro va a la puerta y palmotea. Regresa, y luego entra el Teniente y se cuadra, llevándose la mano al kepis.

TENIENTE. *(Arrogante).* ¡Firme!

DELGADO. *(Ordenando).* ¡Bajo buen seguro, traiga los reos!

TENIENTE. *(Con saludo militar).* ¡Entendido! *(Gira y sale).*

Queda un silencio frío y largo en la sala del Consejo de Guerra.

ESCENA II

Allá, siguen sonando pausadamente las campanas con doloroso acento.

El pueblo se ha aquietado en la plaza, alumbrada por múltiples fogatas.

Abundan los olanchanos que van y vienen silenciosos y alertas por las calles.

Acá, voces de mando, marcha acompasada y ruido de armas en el edificio de la Comandancia de Armas.

Los primeros y recelosos entran Ramón Medina y Joaquín Villa, a quienes el Consejo de Guerra había declarado inocentes en la anterior sentencia.

Les siguen agobiados Rafael Villamil, Servando Medina, Roque Rosales, Anselmo Moya, José María Espinoza, Carlos Madrid y Daniel Casaca.

Avanzan Israel Álvarez, vacilante, y Juan Rivera, indio, al natural, como si no pasara nada.

Finalmente se presente el general Ezequiel Marín, sereno, erguido, dispuesto a todo.

Los recién llegados no hacen ningún saludo a los miembros del Consejo de Guerra. Pero clavan las miradas, con distintos ánimos en el gran retrato del Capitán General JoséMaria Medina, colocado en la pared de enfrente.

Vuelan levísimas ráfagas musicales con las notas de una marcha fúnebre.

TENIENTE. *(Saludando y cuadrándose)*. El General Medina quiere llegar solo...

DELGADO. *(Con afectada voz de mando)*. ¡Set....! ¡Vaya a traerlo...! *(A los reos presentes)*. ¡Ustedes tomen asiento...!

Sale el Teniente de la custodia y los reos se sientan. En la sala se hace un silencio de segundos que dura siglos.

Envuelto en una colcha quezalteca entra el general José María Medina, sereno, imponente. Dirige una mirada rápido a los miembros del Consejo de Guerra, sentados en semi-rueda detrás de la gran masa de actuaciones, y alza los ojos al retrato de sus días de gloria.

MEDINA. *(Con su gran voz ligeramente quebrada).* ¡Allí está el Medina que fui..! ¡Aquí está el Medina que soy...! *(Baja la cabeza. Guarda un silencio brevísimo. Luego la levanta).* ¡Jamás se ha visto mayor lujo de crueldad para matar a un hombre...! ¡Se le pone al frente el retrato de sus grandes días...! ¡Se le humilla con él en los de infelicidad...! ¡Y luego se le lee un papel lleno de infamias en que se le dice que va a ser asesinado...! *(Vuelve a bajar la cabeza. Otro silencio brevísimo. La levanta).* ¡Estoy listo para oírlos...!

DELGADO. *(Con afectada arrogancia).* ¡Pónganse de pie los reos...! *(Todos se levantan con negligencia, menos el general Marín).* ¡Sitúense en grupos alineados, seis a un lado y cinco al otro...! *(Los reos obedecen).* ¡El Capitán General José María Medina y el General de Brigada Ezequiel Marín ocupan el centro, el uno al lado del otro...! *(Lo hacen los nombrados).* ¡Señor Secretario del Consejo de Guerra, Coronel Cerro, lea la sentencia...!

Profundo silencio en la sala. Con excepción de Medina y Marín, los demás reos muestran una palidez olivácea o de cera de Castilla, según sus colores. El indio Juan Rivera, despreocupado se suena la nariz con los dedos y se limpia con la manga de la camisa.

CERRO. *(Se pone de pie, toma el expediente y ligeramente nervioso lee en voz alta, pausada y clara).* ¡Pongan atención!!

"Comandancia General de la República, Tegucigalpa, enero veintinueve de mil ochocientos setenta y ocho.

Vista la sentencia pronunciada en la ciudad de Santa Rosa, a las doce de la noche del día veintitrés del mes en curso y remitida en consulta al Consejo Supremo de la Guerra de Oficiales Generales, que ha juzgado y condena a la pena capital por la comisión de los delitos de instigación a la rebelión, conspiración, alta traición y ocultación de armas nacionales, a los reos Capitán General José María. Medina, General de Brigada don Ezequiel Marín, Coronel Rafael Villamil, Coronel Servando Medina, Capitanes Roque Rosales y Anselmo Moya, Tenientes Israel Álvarez y José María Espinoza, Sargento Juan Rivera, licenciado Carlos Madrid y Daniel

Casaca; y que ha absuelto de toda responsabilidad a Ramón Medina y Joaquín Villa, acusados como los reos antedichos, por la comisión de los expresados delitos.

Considerando: que el Consejo de Guerra de Oficiales Generales que, por acuerdo supremo de 12 de diciembre próximo pasado, se mandó formar para que juzgase los enunciados reos, se ha constituido y ha procedido de conformidad con el artículo 66, capítulo 18 de la Constitución, que establece, en términos absolutos, el fuero de guerra para los Oficiales Generales; con el artículo 87, capítulo 20, que establece igual fuero para los Oficiales que estén en servicio, y de los militares de inferior graduación pertenecientes a un cuerpo organizado, tratándose de los delitos ya referidos, con las disposiciones de las Ordenanzas del Ejército vigente en el país, y aplicables a los delitos de instigación a la rebelión, conspiración, alta traición, sedición y ocultación de armas, como una consecuencia rigurosamente lógica del fuero de guerra que establece la Constitución, consecuencia que implica que en el procedimiento y en las penas se observan las prescripciones especiales que constituyen el fuero militar; y con el dictamen de la Suprema Corte de Justicia, cuyo parecer sobre la materia fue consultado por el Ejecutivo en oficio de 10 de diciembre próximo anterior, la que dio respuesta en oficio de 17 del mismo mes, conceptuando con vigor y aplicación las disposiciones legales que ha tenido en cuenta el Consejo de Guerra en sus procedimientos y en su fallo...".

MEDINA. *(Sarcástico)*. Por eso dicen que nadie sabe para quién trabaja... ¡Muy bien me están aplicando la Constitución que hice el año 65...!

Los Jefes del Consejo de Guerra se vuelven a ver con miradas inteligentes.

CERRO. *(Continuando la lectura)*. "Considerando: que la pena capital impuesta a los Oficiales Generales Capitán General José María Medina y General de Brigada Ezequiel Marín, el Consejo Supremo de la Guerra no se cree autorizado, en uso de sus facultades, para sustituirla con la aplicación de otro castigo, en atención a que no encuentra una sola circunstancia atenuante a favor de los expresados reos, que han dado pruebas manifiestas de ser transformadores incorregibles; y en consideración a que faltaría a la justicia, tantas veces burlada, a los sagrados e ineludibles deberes que le impone la conservación de la paz pública, echando sobre sí la responsabilidad de los trastornos anárquicos, de las desgracias y mayor descrédito que pudieran venir a este país, si desvirtuase el rigor de las leyes, aceptando la lenidad o impunidad que han dado por consecuencia tratándose de los desórdenes, la inmoralidad militar y política, la indisciplina en el Ejército, la anarquía en la sociedad y la deshonra en Honduras; males gravísimos, que comprometen hasta la existencia del cuerpo social, y que la autoridad suprema está en el imperioso, en el irrecusable deber de ponerles un correctivo saludable y eficaz...".

MARÍN. *(Dando un zapatazo en el piso)*. ¡Cuánta baba literaria para asesinar a dos hombres...!

CERRO. *(Sin detenerse)*. "Considerando: que a lo expuesto se agrega la circunstancia de haberse revelado, en nombre de los Oficiales Generales, el indígena Calixto Vázquez, que con una horda de forajidos, asesina, incendia y roba en los pueblos indefensos; cuya rebelión, preparada por el general Medina, ha empeñado la atención y los recursos del Gobierno, atención y recursos que, en un régimen de constitucionalidad y de libertad, estaban consagrados a promover el progreso del país y a reconstruir el crédito interior y exterior de la nación...

MEDINA. *(Con palmaditas sobre el hombro del general Marín)*. ¡Sabroso nacatamal harán con nuestros despojos...!

MARÍN. *(Sarcástico)*. Ojalá los envenene...

CERRO. *(Sin detenerse)*. "Considerando: que en relación a. la pena capital impuesta al Teniente Israel Álvarez y al Sargento Primero Juan Rivera, median la circunstancia atenuante respecto al primero, de ser un agente secundario y de no haber estado en servicio cuando se combinó el asalto de armas del cuartel de Santa Rosa, y la agravante de ser de mayor graduación, de tener un completo desarrollo intelectual, de estar procesado por delitos comunes y de haber desertado de sus filas en 64, pasándose a la de sus contrarios; y respecto al segundo, la circunstancia atenuante de ser muy joven y completamente ignorante, y la agravante de estar en el servicio en el cuartel que iba a ser tomado por asalto, por los trastornadores, circunstancias que valoradas ponen en análoga condición a los referidos reos, a quienes el Supremo Consejo de la Guerra, ejerciendo el derecho de gracia que le corresponde, conceptúa equitativo conmutarles la pena de muerte, aplicándoles la inmediata superior".

MARÍN. *(A Álvarez y Rivera).* ¡Eso indica que van a vivir, muchachos...!

Ambos bajan la cabeza.

CERRO. *(Continuando).* "Considerando: que los demás reos condenados a muerte han figurado en la comisión de sus delitos como agentes secundarios del General Medina, no debiendo tener, por lo mismo, la responsabilidad criminal que corresponde a los promotores y principales directores de los trastornos públicos, circunstancias que atenúan la gravedad del delito de aquellos, y que inclina al Consejo Supremo a ser magnánimo, otorgándoles, bajo la condición de enmienda, un generoso perdón...

Distintas manifestaciones de júbilo: risas, abrazos, lágrimas, gracias a Dios Omnipotente.

CORO DE PERDONADOS. ¡Vamos a vivir! ¡Nos libramos del patíbulo! ¡Qué alegría en nuestros hogares! ¡Bendito sea Dios!

CERRO. *(Continuando la lectura de la sentencia).* Y considerando, por último: que está arreglada para lo que resulta de autos, y a las leyes de la materia, la absolución de todo cargo y responsabilidad, que el Consejo de Guerra de Oficiales Generales ha pronunciado a favor de los reos Ramón Medina y Joaquín Villa; todo bien examinado, el Consejo Supremo de Guerra, de conformidad con las leyes, en uso de sus facultades, y a nombre de la República, resuelve:

El coronel Cerro alza la vista un instante y vuelve a la lectura.

CERRO. "Apruébase la sentencia de muerte dictada en vista del artículo 26, Tratado 80 de las Ordenanzas del Ejército, contra los reos Capitán General don José María Medina y General de Brigada Ezequiel Marín...".

MEDINA. *(Arrogante).* ¡Que eso es lo que persigue la conspiración de Soto...! ¡Asesinarnos a nosotros dos!

MARÍN. *(Lleno de cólera).* ¡Tengo la fe en Dios que mi sangre ha de salpicar la cara de mis matadores presentes y ausentes...!

CERRO. *(Casi gritando).* "Conmútase la pena capital impuesta al Teniente Israel Álvarez y Sargento Primero Juan Rivera, con la inmediata superior, esto es, con diez años de presidio, que deben sufrir en el Castillo Omoa....

Álvarez y Rivera agachan la cabeza y quedan pensativos.

CERRO. "Indúltase o perdónase su delito a los reos Coronel Rafael Villamil, Coronel Servando Medina, Capitanes Roque Rosales y Anselmo Moya, Teniente José María Espinoza, Licenciado Carlos Madrid y Daniel Casaca...

Vuelven a abrazarse y a dar gracias a Dios.

CERRO. "Pero bajo la precisa inteligencia de que perderán la gracia que se les otorga, en el momento en que se les pruebe una reincidencia en la comisión de los delitos porque han sido sentenciados; en cuyo caso, la sentencia del Consejo de Guerra de Oficiales Generales les será inmediatamente aplicada...

Además, sin perjuicio de la condenación hecha, retíranse sus despachos a los individuos perdonados que tienen grado militar; y apruébase la absolución de todo cargo y responsabilidad, que ha pronunciado el Consejo en favor de los reos Ramón Medina y Joaquín Villa...".

Villa y Medina se dan la mano.

CERRO. "Comuníquese, ejecútase y publíquese. Rubricado por el señor Presidente, Comandante General de la República, Marco Aurelio Soto y el Ministro General y Secretario de la Comandancia General. Ramón Rosa.

Toma asiento el coronel Cerro.

DELGADO. *(Con voz firme)*. ¿Se han enterado de la sentencia?
CORO DE REOS. Estamos enterados...

Delgado habla en voz baja con los demás miembros del Consejo de Guerra. En seguida llama al Teniente de la custodia que está en la puerta.

DELGADO. *(En voz alta)*. ¡Teniente...!
TENIENTE. *(Avanza y se cuadra)*. ¡Firme...!
DELGADO. Lleve a estos señores a la guardia y diga que van libres...
CORO DE ABSUELTOS. ¡Muchas gracias!

Despacio, siguen al Teniente de la Custodia, Ramón Medina, Joaquín Villa, Rafael Villamil, Servando Medina, Roque Rosales, Anselmo Moya, José María Espinoza, Carlos Madrid y Daniel Casaca.

Mientras desfilan, uno a uno, en silencio van dando la mano a los generales Medina y Marín, al Teniente Álvarez y al Sargento Rivera.

DELGADO. *(Llama al sargento que está en la puerta)*: ¡Sargento, acérquese...!
SARGENTO. *(Acercándose y cuadrándose)*. ¡Ordene, general...!
DELGADO. *(Señala al Teniente Álvarez y al Sargento Rivera)*. Lleve a estos señores a la celda donde estaban...

Álvarez y Rivera vuelven a ver con tristeza a los condenados a muerte y siguen al sargento.

DELGADO. ¡General Medina, General Marín...! ¡Digan sus deseos porque faltan pocas horas para que se ejecute la sentencia...!

MARÍN. *(Despreciativo)*. Mi deseo es estar solo, completamente solo... Tengo que escribir a mi familia. ¡Tengo que redactar un manifiesto que divulgue mi inocencia...!

DELGADO. (*Al general Toro*). ¡General Toro, hágame el favor de acompañar al general Marín hasta la sala de banderas...!

TORO. ¡Con mucho gusto, general...!

Salen el general Marín y el general Toro.

DELGADO. ¿Y usted, general Medina?

MEDINA. (*Con su gran voz*). ¡Quiero quedarme en este aposento con algo de beber... Que me traigan una cama... ¡Y que llamen a mi mujer para que acompañe en los últimos momentos...!

DELGADO. ¿Eso es todo, general Medina?

Los Oficiales Generales salen en silencio de la sala. El general Medina, de pie, queda meditativo, envuelto en su gran colcha.

Pasan nuevas ráfagas musicales con las notas de una marcha fúnebre.

ESCENA III

Vuelven las ráfagas musicales con las notas de una marcha fúnebre.

Silenciosos entran dos soldados conduciendo una tarima. Les siguen otros dos cargando una almohada, un petate y unas cuantas sábanas. Les acompaña un quinto que parece ser el jefe.

Diligentes arreglan la cama en que descansara breves horas el sentenciado a muerte.

Enseguida se dedican a arrimar la mesa de que se sirvió el Consejo de Guerra y las sillas a las paredes de la sala y ven si está bien situada la cama.

El que hace de jefe entre los soldados los agrupa por señas, da una orden en voz baja y en seguida salen dos a toda prisa. Los que quedan, por hacer algo, alinean las sillas. Regresan los dos soldados. Cada uno trae una botella y un vaso que colocan sobre la mesa.

Llega un sexto soldado, ve con humildad al sentenciado a muerte y trayendo un bulto lo desenvuelve sobre la mesa. Inmediatamente adhiere con gran habilidad una cortina negra en la pared, luego instala en la mesa un Crucifijo, en seguida extrae dos candeleros de bronce que coloca a ambos lados del Crucifijo y finalmente les adapta dos grandes candelas que prende con un fósforo.

El sentenciado a muerte, hombre de un valor que se sale de lo común, envuelto en su gran colcha de lana, observa la diligencia de los soldaditos, casi olvidado de su cercano destino.

MEDINA. *(Con su gran voz).* ¡Muchachos...!

Todos atienden la voz y se ponen en fila.

EL SOLDADO DE LA TARIMA: *(Con humildad).* ¡Diga, señor...!

MEDINA. *(Señalando su estampa que cuelga de la pared).* ¿Ven ese retrato...?

EL SOLDADO DE LA TARIMA. Sí señor...

MEDINA. ¿Quién es...?

EL SOLDADO DE LA TARIMA. Se parece con usté, señor.

MEDINA. Ciertamente, soy yo... ¿Y saben cuántas veces he sido Presidente de la República...?

EL SOLDADO DE LA TARIMA. Muchas, señor…

MEDINA. Para que lo entiendan, he sido Presidente y Presidente y Presidente y Presidente y Presidente...

EL SOLDADO DE LA TARIMA. *(Ingenuo)*. Debía serlo otra vez, señor...

MEDINA. *(Sonríe)*. Entonces, ¿por qué viniendo de tan alta cumbre me han traído una tarima en vez de una cama...?

EL SOLDADO DE LA TARIMA. Fue la orden que nos dieron, señor...

MEDINA. *(Viendo a la mesa y luego a otro soldado)*. ¿Y a tí, sacristán, quién te dijo que trajeras ese Crucifijo y esas candelas...?

EL SOLDADO DEL CRUCIFIJO. *(Asustado)*. Un sacerdote que lo quiere confesar, señor...

MEDINA. *(Indignado)*. ¡He sido claro en mis peticiones...! ¡He pedido una cama para descansar porque estoy enfermo y no una tarima...! ¡Aguardiente porque siempre lo uso...! ¡Y que venga mi mujer para estar con ella las últimas horas y no un cura...!

EL SOLDADO DEL CRUCIFIJO. Usté sabe que uno es mandado, señor...

MEDINA. ¿Dónde está el sotanudo...?

EL SOLDADO DEL CRUCIFIJO. *(Viendo a la puerta)*. En este momento llega, señor...

MEDINA. *(Arrogante)*. En efecto, llega... (A los soldados). Retírense, que voy a conversar con este hombre....

Los soldaditos salen casi corriendo. El sacerdote entra rezando en voz baja. Medina va a la mesa, toma una botella y vierte en el vaso casi hasta llenarlo. Limpiándose con el borde de la colcha, se detiene frente al sacerdote.

EL SACERDOTE. *(Con voz suave)*. José María, vengo a señalarte el camino del cielo...

MEDINA. *(Suelta una estrepitosa carcajada)*. ¡Si es el Padre Ortega el que me viene a escarbar la conciencia...! *(Nueva carcajada)*. ¡El que viene a ver mi estado de ánimo para despúes ir a Tegucigalpa a contarle a Soto lo que ha sabido y observado...!

168

(Nueva carcajada, se dirige a la mesa, se empina la botella y vuelve).

PADRE ORTEGA. *(Con voz delgada).* José María, recuerda que en breve estarás en presencia del Señor... No te resistas, que necesitas la asistencia de un confesor...

MEDINA. *(Sarcástico).* ¡Quién te va a confesar soy yo...! ¡Como voy para el infierno, qué le mandas decir al diablo...! ¡Debes tener un recado para él...! ¡Y si tienes alguna carta confidencial, con gusto te la llevo...!

PADRE ORTEGA. *(Sin hallar qué decir).* ¡José María...!

MEDINA. *(Siempre sarcástico y casi en grito).* ¡Jamás tuvo el rey de los infiernos un agente en la tierra más diligente y más hábil que tú, juntamente con los demás sotanudos de Comayagua...!

PADRE ORTEGA. *(Nervioso).* ¡Recuerda que estás en trance de muerte...! ¡Necesitas tu salvación con el arrepentimiento...!

MEDINA. *(Yendo a la botella, apurándola y regresando, limpiándose con el extremo de la colcha).* ¡Trance de muerte...! ¡No hay quien no lo esté...! ¡Salvación...! ¡Si como hombre he sido bueno y malo...! ¡Bueno con quienes debía haber sido malo porque he comprobado sus crímenes, como los de ustedes...! ¡Malo con aquellos que debí ser bueno porque he llegado a comprobar su justicia como los ahorcamientos de Olancho...! ¡Arrepentimiento...! ¡Bonita cosa haría que me arrepintiera de mis hechos para qué quedaras moviendo la lengua en la propagación de que en la hora suprema me he conducido como un cobarde miserable...!

PADRE ORTEGA. *(Casi en derrota).* Hablas como un ateo... Estás negando el cielo... La justicia divina… Te demuestras enemigo de Dios....

MEDINA. *(Suelta una carcajada estrepitosa).* ¡Has venido a alegrarme los últimos momentos...! *(Se detiene con gesto feroz).* Escucha unos versos que acabo de inventar... *(Recitando).*

> *Yo soy Merlín, aquel que las historias*
> *dicen que tuve por mi padre al diablo...*

PADRE ORTEGA. *(Santiguándose).* Virgen Santísima... No sigas José María...

MEDINA. *(Riéndose a carcajadas, yendo a la botella, apurándola y regresando)*. ¡Es que soy hijo de un cura! ¡Bien lo sabes! *(Se detiene, severo)*. ¡Cómo eres tan ignorante, sucio, crapuloso y concupiscente, no sabes que los versos que acabo de recitarte son de Cervantes y están en el Quijote...! ¡No son míos, pero los hago míos...!

PADRE ORTEGA. *(Humilde)*. Eres criatura de Dios y vas al cielo si te arrepientes.

MEDINA. *(Bajando la voz)*. Con Marianita, mi esposa, el único ser angelical que he conocido... El único sueño primaveral que ha pasado por mis ojos... En horas de solaz y calma en El Rosario nos dedicamos al estudio y leímos las Sagradas Escrituras. Ella fue quien leyó con su voz musical y acariciadora... Yo escuchaba atento... *(Elevando la voz)*. Pues bien, como no me creo tonto, comprendí que que el Viejo Testamento no se ofrece un más allá... Dios habló desde las nubes con los hombres. Lo que les dijo fue ganarás el pan con el sudor de tu frente, parirás con dolor tus hijos, polvo eres y en polvo te convertirás... Maldijo a Caín porque mató a su hermano Abel. Y el que matara a Caín pagaría la muerte del maldito siete veces... *(Se detiene)*.

MEDINA. En el decálogo de Moisés no hallas la promesa de ninguna vida ultraterrestre... Ni en el libro de los Jueces... Ni en el libro de los Reyes... Ni en los salmos de David... Ni en los Proverbios de Salomón... Ni en los gritos coléricos de los Profetas... Allí todo se relaciona con el hombre, con el bien y el mal, con la Tierra Prometida... Aquí en el suelo... Y nada más... *(Se detiene, con voz lúgubre)*. Todo se reduce a esto: Polvo eres y en polvo te convertirás... Y está bien.... No hay nada que valga más que el polvo en los torbellinos del universo... *(Guarda silencio)*.

PADRE ORTEGA. *(Viendo una coyuntura para hablar de la otra vida)*. Pero en el Nuevo Testamento, Jesús...

MEDINA. *(Gritando, irritado)*. ¡So, abusivo! *(Va sobre el Padre Ortega sacando la mano de la colcha y le manosea en la cara)*. ¡Jesús era la imagen del bien, de la misericordia, de la lucha contra los malvados, de la esperanza, del ideal, y ustedes lo han deformado! ¡Dijo ser hijo del hombre!! ¿Entiendes lo que quiso decir...? ¡Habló del reino de los cielos...! ¿No alcanzas, estúpido, el significado humano y terrestre de esas admirables palabras...? ¡Pues por eso lo crucificaron! *(Se vuelve violento al Crucifijo de la mesa).* ¡Y se gozan en moldear su figura como la que allí...! ¡Y le dan látigos, y le ponen una corona de espinas, y lo cargan con una pesada cruz por la calle de la Amargura, y lo crucifican en el Gólgota en medio de Dimas y Gestas, dos ladrones, todas las Semanas Santas, todos los años, todos los siglos...! *(Se vuelve hacia el Padre Ortega).* Y siempre tiene su Judas, y lo condenan Anás y Caifás, y lo cambian por Barrabás, y se lava las manos el bandido de Poncio Pilatos, y le meten clavos en las manos y en los pies... *(Da un paso sobre el Padre Ortega).* ¡Y le entierran la lanza en el costado...! ¡Y lo matan para matar el bien...! ¡Y lo destruyen para destruir toda esperanza en este mundo...! ¡Y después canallas, lo hacen símbolo del más allá para apropiarse la tierra y vivir a sus anchas...!

PADRE ORTEGA. *(Gritando).* ¡José María...!

MEDINA. *(Va la mesa, bebe y vuelve).* ¡Esa es la verdad, curita tonto...!

PADRE ORTEGA. Nunca había oído expresiones más horribles...

MEDINA. *(Sarcástico).* ¡Alguna vez debías oírlas! ¡Que no se te olviden, porque te las dice un condenado a muerte, sabido de que no va al infierno de los mentirosos ni al cielo de los farsantes! ¡Soy polvo, voy a la tierra, a ser materia que tal vez se convierta en una flor venenosa o quizás en una delicada orquídea que se prenderá en el pecho de una novia! Esa es la verdad... ¡Y nada más que la verdad...!

PADRE ORTEGA. *(Cauteloso).* ¿No crees en Dios...?

MEDINA. *(Moviendo la cabeza de arriba abajo).* ¡Lo supongo...! ¡Pero no lo alcanzo...!

PADRE ORTEGA. *(Enfático).* Ya dijo Santo Tomás que la razón natural lo alcanza...

MEDINA. *(Rápido).* ¡Capricho de Santo Tomás...!

PADRE ORTEGA. Debemos a San Agustín la prueba de la revelación...

MEDINA. *(Sin pensarlo).* ¿Y por San Agustín quién responde?

PADRE ORTEGA. *(Con velocidad escolástica).* San Pablo.

MEDINA. *(Yendo a la mesa, se empina la botella un buen rato y vuelve):* ¿Y por San Pablo...?

PADRE ORTEGA. Nuestro Señor Jesucristo...

MEDINA. *(Notando el juego del Padre Ortega)*. Ya te dije que ni Jesús fue teólogo, ni tú eres condenado a muerte ni yo soy cura... *(Se detiene)*. Mejor cambiemos de plática... Escucha lo que te voy a decir: Pobre de mí, he sido instrumento de ustedes a lo largo de mi vida... En la traición de entregar el Castillo de Omoa al Gobierno de Guatemala, anduvieron las influencias de ustedes, que odiaban el gobierno liberal de Honduras. Cuántas guerras traje de Guatemala, apoyadas por el general Carrera, fue para garantizar los intereses del clero hondureño. Cuantos alzamientos produje fueron inspirados en parte por el Cabildo Eclesiástico de Comayagua. Cuando aquí en Santa Rosa, supe la muerte del Presidente Guardiola, volé al frente de mi caballería con el objeto de fusilar a los Agurcia para que no revelaran el secreto de las implicaciones de ustedes en el crimen...

PADRE ORTEGA. *(Interrumpiéndolo casi a gritos)*... ¡José María, te vas a condenar...!

MEDINA. *(Tranquilo)*. Si pudiera haber infierno, dando cuenta de mis actos, ¡este parte se lo daría con puntos y comas a mi amo Satanás...! ¡Pero no te asustes que ni existe infierno ni tú crees en él! ¡Sigue escuchando! ¡Cuando se produjo la guerra contra los diezmos y las primicias en Olancho, que gané y reprimí con tanta monstruosidad, fue por defender las infundadas prebendas de la Iglesia! Fui Presidente infinidad de veces para servir a los gordiflones de misa y de olla. ¡No le di reposo a los liberales para que los canónigos eructaran guiso! ¡Y en esta conspiración que me lleva a la tumba, tenían parte ustedes, vagos con fingido oficio sacrílego en el que manosean a Dios! ¡Traidores a la humanidad, porque estoy en autos de que ya están quedando bien con Marco Aurelio Soto, quien los llena de atenciones y mercedes, como los llené yo en mi tiempo, hasta robando, ¡al darles abundantes libras esterlinas de los empréstitos ingleses del ferrocarril! Malvados, que un día estuvieron con José María Medina y otro con Marco Aurelio Soto, ¡pese a que son puntos opuestos en política humana!

PADRE ORTEGA. *(Casi llorando)*. ¡José María, cállate en amor de Dios!

MEDINA. *(Furioso).* ¡Te dije que te iba a confesar...! ¡En cuanto te vayas, escribiré la lista de los cómplices en la conspiración que me hace víctima! ¡Y en esa lista aparecerá tu nombre! ¡Para que no se diga que se trata de un desahogo mío acompañaré documentos!

PADRE ORTEGA. *(Derramando lágrimas).* José María....

MEDINA. *(Despreciativo).* ¡Como se ve la diferencia de un hombre y una mujer...! El hombre, condenado a muerte, se mantiene firme... ¡La mujer, que se acostó con alguien en secreto, llora porque va a ser publicada su flaqueza...! *(Se detiene).* ¡Tiemblas...! ¡Derramas lágrimas...! ¡Es que eres cobarde...! ¡Todos ustedes son cobardes y desgraciados...! Es mejor que te vayas...! ¡No quiero verte...! ¡Ni quiero ver tu raza de víboras...! *(Gritando).* ¡Vete, maldito!

PADRE ORTEGA. *(Se asusta y se va a pasos largos. En la puerta se detiene y da vuelta, haciendo la señal de la cruz).* ¡Yo te bendigo en el nombre de Dios Padre, Dios Hijo, y Dios Espíritu Santo. ¡Amén...!

El general Medina va a la mesa y se empina la botella en un trago largo. Vuelve y se sienta en la tarima. De repente, se pone a contemplar su retrato.

ESCENA IV

Doña Mariana en la puerta de entrada a la sala. Alta, esbelta, bella en su dolor. Descubierta la cabeza, con traje negro de mangas largas, desnudas las manos. Al ver a su esposo un estremecimiento le recorre el cuerpo. Lanza un gemido y apura el paso hacia él.

El general Medina se levanta rápido para recibirla.

Al encontrarse se abrazan y se besan en la boca. Después ella hunde la cabeza en el pecho alto de su esposo.

Todo es sencillo y con una profundidad que no alcanzan palabras humanas.

MEDINA. *(Dominado por la emoción)*. Ni la condena del Consejo de Guerra... Ni las impertinencias del Padre Ortega han sido capaces de quebrarme la moral... Pero tú, Marianita, si me destrozas el alma... Marcharme sin quererlo y dejarte sin razón es un hecho que me quita fuerzas.

DOÑA MARIANA. *(Con voz mojada en lágrimas)*. Medina, mi corazón, mi vida... Le he pedido a los cielos que me den valor en este instante. Hasta he meditado cómo debo conducirme en tan cruel minuto, pero este dolor es más fuerte que la estudiada compostura... *(Rompe a llorar sobre el pecho de su esposo)*.

MEDINA. *(Conmovido)*. Marianita, precioso lirio de mi huerto, ángel mío, razón de mi existencia, para mí ya se acabaron las vanidades del mundo. Es cierto aquello del Eclesiastés que me leías en El Rosario, hoy lo comprendo. Somos unos desdichados... Yo, que parto a la nada, a la nada, a la nada... Y tú, Marianita, que quedas sola...sola...sola...

DOÑA MARIANA. *(Apretando más y llorando con llanto desgarrado)*. ¡Medina, Qué desgraciados hemos sido...!

MEDINA. *(Con resignación)*. Tú más que yo... Porque yo he sido el bandido... Así lo dicen los hechos y lo proclaman las gentes... Y por los mismos hechos así lo siento en mi conciencia. En tanto tú, Marianita, alma inocente como la de los corderillos, has sido la esposa fiel, resignada, mártir y cariñosa de un malvado... *(La estrecha con delicadeza y fuerza)*. Tú, ángel mío, luz de mis ojos, arpa de mis oídos, hasta sido la infortunada por haber tenido el esposo que tienes...

DOÑA MARIANA. *(Retirando el rostro del pecho de su esposo y alzando la mirada hacia el de él).* Así como eres siempre te he querido con todo el ardor de mi alma... Para mí no tienes defectos, ni llevas pecados ni has cometido crímenes...

MEDINA. *(Consternado).* Es excesiva tu misericordia...

DOÑA MARIANA. *(Siempre en la misma actitud).* Si otros te condenan y te asesinan por envidia y odio, llévate el consuelo de que para tu esposa eres el mejor hombre del mundo...

MEDINA. *(Agradecido).* ¡Marianita...! Ya puedo morir tranquilo. Ya no siento ninguna preocupación. El ángel de la guarda está conmigo. Qué me importa el parecer de mis asesinos y sus cómplices...

Se separan un instante. Él, ligeramente inclinado para verla. Ella, elevando el rostro para grabárselo en el alma en el instante último.

DOÑA MARIANA. Luego te seguiré porque así está escrito y así lo quiero... Pero los pocos días que me quedan serán para decir que el verdugo de que hablan los malvados, también tuvo méritos relevantes, sucediendo que los acusadores gracias se quedaron en asesinos sin subir el escalón superior...al tuyo...

MEDINA. Cómo me confortas... Pero no olvides, Marianita, que fui un político... que goberné un Estado... y que, en él, queriéndolo o no, tuve que ser opresor, fui bandido... *(Guarda silencio).* No hallo cómo podrías tejerme coronas de laurel para salvar mi nombre...

DOÑA MARIANA. Lucharé con mayor razón... porque el bien se defiende por sí mismo... La verdad brilla come el sol a quien se le ocurre decir que es seguro....La belleza es tan arrebatadora que no necesita explicaciones... Es al malo, es al ofendido, es al sentenciado, es al perseguido al que se le presta ayuda en medio de la condena pública...Bajo el precepto de que "el que esté limpio de pecados, arroje la primera piedra", al malo se le defiende de los malvados, al ofendido de sus ofensores impúdicos, al sentenciado de sus sentenciadores descarados, al perseguido de sus perseguidores perversos...

MEDINA. *(Se acerca a doña Mariana, la abraza y la besa. Luego se retira).* Amor mío, eso que estás diciendo se encuentra más allá de las religiones... Así pensaba Edmundo Dantés, después de haberse instruido bajo la sabiduría del Abate Faria, para llegar a ser más tarde el Conde de Montecristo... La venganza es necesaria...

DOÑA MARIANA. Así pensaba y actuaba el Conde de Montecristo, no por venganza sino por justicia en el mundo de los hombres perversos...

MEDINA. *(Sorprendido del talento de su mujer).* Por qué no me hablaste así cuando fui el Capitán José María Medina, Presidente de la República...?

DOÑA MARIANA. *(Pensativa).* No podía por respeto; porque comprendía que los pasos que dabas estaban guiados por tu estrella... Y los hombres, que son ciegos, no han condenado tu estrella sino tus pasos. *(Se detiene).* Si no fueran ciegos harían lo contrario... *(No puede más, rompe a llorar).*

Medina la abraza, la llena de besos en el pelo, y la lleva a la tarima, en la que se sientan.

MEDINA. *(Con voz lenta y grave).* ¡Es cierto, condenarían al destino; no al hombre! Escucha, ya se oye el aleteo y el canto de los gallos.... Ah, la vida con sus cosas comunes y bonitas... Ya está amaneciendo... *(Pone el brazo en el hombro de doña Marianita).* Marianita, quiero rogarte dos cosas y que me las cumplas...

DOÑA MARIANA. *(Quejumbrosa).* Dilas, que las cumpliré.

MEDINA. *(Suave).* Una, que no vayas al cementerio a ver mi asesinato.

DOÑA MARIANA. *(Viéndolo al rostro).* No iré...

MEDINA. *(Dulce).* Y otra, que te revistas de tanto valor que llegues a imponerte por tu alta dignidad.

DOÑA MARIANA. *(Con voz quebrada).* Siempre te he obedecido... Te obedeceré... *(Se vuelve a Medina y lo abraza con desesperación).* Pero aquí déjame llorar por ser la última vez que siento palpitar tu corazón, que oigo que me hablas con tus labios, que veo tu figura viva, gallarda y adorada... *(Llora como si quisiera morir).*

Así los sorprende la escolta que llega a llevar al Capitán General José María Medina, ex Presidente de la República envuelto en una colcha quezalteca. Ambos esposos se ponen de pie ante la irrupción de los soldados. El general Medina reconquista la rudeza del hombre de guerra. Doña Mariana se aferra al cuerpo de su marido como si quisiera retenerlo para siempre.

EL JEFE DE LA ESCOLTA. *(Con arrogancia).* ¡General Medina, sírvase acompañarnos...!

MEDINA. *(Al jefe de la escolta).* ¡Estoy listo...! *(Abraza a doña Mariana con ternura).* ¡Adiós Marianita de mi vida...!

DOÑA MARIANA. Asida del brazo del general Medina, como si fuera arrastrada por él, lo acompaña hasta la puerta, y da un grito ¡Medinaaa...!! Permanece allí segundos con los brazos en alto y la cabeza apoyada en la puerta.

Regresa llorando con tanta desesperación como si se le fuera la vida. Llega a la mesa en que está el Crucifijo, arrastra una silla, se sienta, se desahoga con la frente apoyada en la tabla, y así permanece largo rato.

De pronto, levanta la cabeza con susto, cuando escucha un clarín tocando "atención", seguido de un silencio largo, que rompe la descarga de una fusilería.

Bajo el golpe de una descarga nerviosa, doña Mariana se levanta, con incertidumbre va de un pronto a otro de la sala, rápida como si intentara correr. Pero al fin se detiene, en medio de la sala, erguida, con los ojos inmensamente abiertos, profiriendo con voz quebrada y ronca.

DOÑA MARIANA. ¡Sola ...! ¡Sola...! ¡Sola ...! ¡Ya soy Mariana Milla viuda de Medina...!

Pasan suaves y ligeras las notas de una marcha fúnebre.

Lejos, tocan las campanas doblando a muerto por las almas del Capitán José María Medina y el general Ezequiel Marín, que pasaron por la vida "como las nubes, como las naves, como las sombras".

Lejos se deja oír el griterío de los curiosos bajo la influencia de sentimientos contrarios, unos por odios desbocados, otros por amor a los muertos.

ESCENA V

Repentinamente aparece en la puerta una mujer alta, delgada, diríase bella, vestida de negro con admirable compostura que avanza con paso suave en dirección de doña Mariana Milla viuda de Medina, ante la cual hace una breve inclinación. La recién llegada parece tener una edad quizás de treinta años.

Doña Mariana se vuelve despacio y la contempla con cierta indiferencia, bajo la acción de su dolor intenso. Casi ausente por lo que acaba de pasar en el cementerio de Santa Rosa, queda en silencio, viéndola, sin verla.

LA DESCONOCIDA. *(Con voz melodiosa)*. Señora, he querido ser la primera en venir a expresarle mi comprensión, porque sé cuán profunda es la dolorosa conmoción de su alma en esta soledad.

DOÑA MARIANA. *(Sacando fuerzas de debilidades)*. Señorita o señora... Estoy sola en el mundo a punto de volverme loca; le agradezco que haya venido... *(Pausa)*. Dígame quién es la persona piadosa que ha venido a acompañar a la mujer más desdichada que existe...

LA DESCONOCIDA. *(Con cautela)*. No viene al caso el nombre... ¿Para qué...? Viéndolo bien, el nombre, un simple sonido, carece de importancia en la marcha vertiginosa de los seres y las cosas... Baste con aquello de que "por sus hechos los conoceréis". Hoy somos, ya después no seremos... ¿Quién sabrá cuáles fueron nuestros nombres una vez que transcurran las eternidades...? Lo importante que quiero expresarle es que siempre la he admirado y la he querido por su particular grandeza, como mujer inteligente, buena, virtuosa y mártir en medio del turbión de la vida... *(Busca las palabras)*. Quiero expresarle este sentimiento de mi alma que también ha sufrido penas inenarrables... Y cuando se ha sufrido como yo, la desgracia ajena se vuelve nuestra con toda su intensidad. *(No puede más)*.

DOÑA MARIANANA. *(Con voz quebrada)*. Dígame al menos de dónde llega para recordarla con gratitud por ser la única persona que ha venido a ver a esta infeliz... *(Solloza)*. Seguramente no es de Santa Rosa porque no la he visto antes aquí... ni de Comayagua, donde he vivido tantos años y he estado hasta a los últimos... ni de Tegucigalpa porque conozco bien a aquellas gentes...

LA DESCONOCIDA. *(Alusiva).* Oiga el griterío en el cementerio, oiga las campanas con sus dobles dolorosos; me parece oír ráfagas de notas fúnebres... En su alma y en la mía debe imponerse la convicción de que así ha sido el mundo... así es...y así será por largo tiempo. En Jerusalén hubo fiesta popular cuando la crucifixión de Jesús. Un día el pueblo romano aullaba en el circo cuando arrojaban los cristianos a las fieras.... Otro día el pueblo francés daba alaridos de júbilo cuando caía la guillotina sobre la cabeza de los ajusticiados. En San José de Costa Rica la turbamulta hizo jolgorio del sacrificio de Morazán el 15 de septiembre; en Tegucigalpa echaron al vuelo las campanas con toques alegres, y en Gracias pusieron bailes... Yo supe de un caso en que se pasearon, a son de música de viento, por las calles de una población del país los despojos de unos desdichados que habían perdido una guerra justa... Hoy, señora, qué decir... qué decir... *(Enmudece).*

DOÑA MARIANA. *(Bañada en lágrimas).* Mi esposo, mi adorado esposo en el circo romano en medio de los aullidos de sus verdugos y sus enemigos…

LA DESCONOCIDA. *(Bajando la voz).* Así es, señora...

DONA MARIANA. *(Extrayendo un pañuelo y enjugándose los ojos).* Un circo romano en Santa Rosa de Copán, arrojando sátiras y bromas grotescas sobre los cadáveres de José María Medina y Ezequiel Marín... *(Se detiene un breve instante).* La historia, como dice usted, es un eterno giro, solo que da vueltas por tierras diferentes, en distintos tiempos...

LA DESCONOCIDA. *(Con suavidad).* Yo no he venido a decirle que maldiga a los victimarios o se resigne cristianamente, sino a demandar comprensión de su alta inteligencia... Esto sucede, sin excepción, y esto nos sucede a nosotras... ¿Hemos pensado, acaso, en la regla general que afecta a los demás, a lo largo y a lo ancho de la tierra, ayer, hoy y mañana...? ¿Por qué hasta hoy nos conmovemos, perdone usted, con egoísmo? ¿Porque el dolor es nuestro...? ¿Por qué hemos sido insensibles como las piedras en presencia de la diaria tragedia universal...?

DOÑA MARIANA. *(Levantando la cabeza con vivacidad)*. Es verdad... Me consuela... Me ha dado una luz... Como la bendigo por haber venido...

LA DESCONOCIDA. *(Sin detenerse)*. En mi caso, un día pensé en la venganza... Pero luego entendí que me empequeñecía en el ejercicio de la bajeza. Otro día quise echar mano de la justicia... Pero después de pensarlo advertí que la justicia era la misma venganza disfrazada con la máscara de la ley, y que me rebajaba al recurrir a ella...

DOÑA MARIANA. *(Interrumpiéndola con dolorosa voz)*. ¿Qué hacer entonces cuando nos llevan al circo romano a nuestros seres queridos...?

LA DESCONOCIDA. *(Viendo al suelo, con voz profunda)*. No siempre será así...

DOÑA MARIANA. *(Vacilando)*. No comprendo...

LA DESCONOCIDA. *(Inclinada, con voz profunda)*. En el fondo, el ser humano es tan puro como un ángel, ente concebido por la buena fe y la esperanza... La venganza desaparecerá algún día... La justicia que disfraza la venganza acabará alguna vez... No niego que el circo romano vivirá mucho tiempo aún... Pero con la marcha de lo grotesco a la perfección celeste, terminarán sus actores feroces y sus desdichadas víctimas...

DOÑA MARIANA. *(Intrigada)*. ¿De qué me habla, bella joven...?

LA DESCONOCIDA. *(Con una grave convicción)*. Le hablo de la fraternidad universal que llegará un día... Le hablo de la unión suprema de las almas perfectas, que, superando vientos contrarios, puede haber empezado por nosotras dos...

DOÑA MARIA. *(Asustada, retrocediendo)*. ¿Quién es usted...?

LA DESCONOCIDA. *(Con voz dulce, viéndola a los ojos)*. Su mejor amiga… *(Con voz ronca)*. La mujer que más la estima... *(Se le acerca, la abraza y la besa en la mejilla)*. Un alma que la comprende por estar en capacidad de comprenderla… *(Llora sobre el pecho de doña Mariana)*. Un alma que hace tiempos ha dejado de buscar el amor feliz y hoy anda detrás del amor doloroso... *(Doña Mariana la abraza le levanta el rostro, la besa con ternura en las dos mejillas)*.

DOÑA MARIANA. *(Después de un instante, conteniéndose y con voz mojada en lágrimas)*. Alma mía, quisiera que fueras mi hija para tenerte a mi lado siempre y para que me consolaras...

LA DESCONOCIDA. *(Con llanto silencioso)*. Lo soy en este instante, doña Mariana... No lo dude, somos la misma familia... Hay una familia única en el mundo... Los malentendidos la dividen... Quiero que usted sea mi madre... *(La estrecha con amor filial)*.

DOÑA MARIANA. *(Afectuosa)*. Dime, ¿quién eres, hija mía...?

LA DESCONOCIDA. *(Con llanto suave)*. Madre, eso no sabrá jamás... Existe la palabra imposible... Se horrorizaría si llegara a saberlo... Y no quiero eso... Ya la vi... Me voy...

DONA MARIANA. *(Dejándola)*. Tus últimas palabras son extrañas... ¿Eres acaso la Muerte con la estampa de una mujer bellísima...?

LA DESCONOCIDA. *(Dulce)*. ¡Oh, no señora...! Soy un ser humano como usted que también ha llorado hasta la desesperación la injustificada tragedia de los suyos... Por esto, quizás, me haya ennoblecido elevándome al ángel, del que usted no puede ver las alas luminosas y límpidas... *(Se detiene)*. Lo que le diga tal vez solo sea un sueño... Es tan hermoso soñar en lo que quisiéramos ser en la vida... *(Pausa)*. ¡Adiós, doña Mariana, ¡madre querida...!

La Desconocida se inclina ante doña Mariana y busca la puerta hacia la que avanza con lentitud. Doña Mariana, sin moverse de su sitio, le tiende los brazos como si quisiera guardarla por más tiempo a su lado. La Desconocida desaparece, como se van los sueños mañaneros.

DOÑA MARIANA. *(Casi gritando)*. ¡Adiós Desconocida, hija mía! *(Gira como enloquecida y con voz ronca)*. ¡Adiós Medina, esposo mío...!

Pasan aligeras y suaves las notas de una marcha fúnebre.

TELÓN

(Fin de la Trilogía "Los diezmos de Olancho", compuesta de los dramas históricos "La Ahorcancina", "Cinchonero" y "Medinón". Terminose de escribir este último el 15 de abril de 1960).

www.ingramcontent.com/pod-product-compliance
Lightning Source LLC
Chambersburg PA
CBHW020248130626
46549CB00005B/2115